100
Säfte & Shakes

100 Säfte & Shakes

Das Beste aus Obst und Gemüse für köstlich-frische Mixgetränke

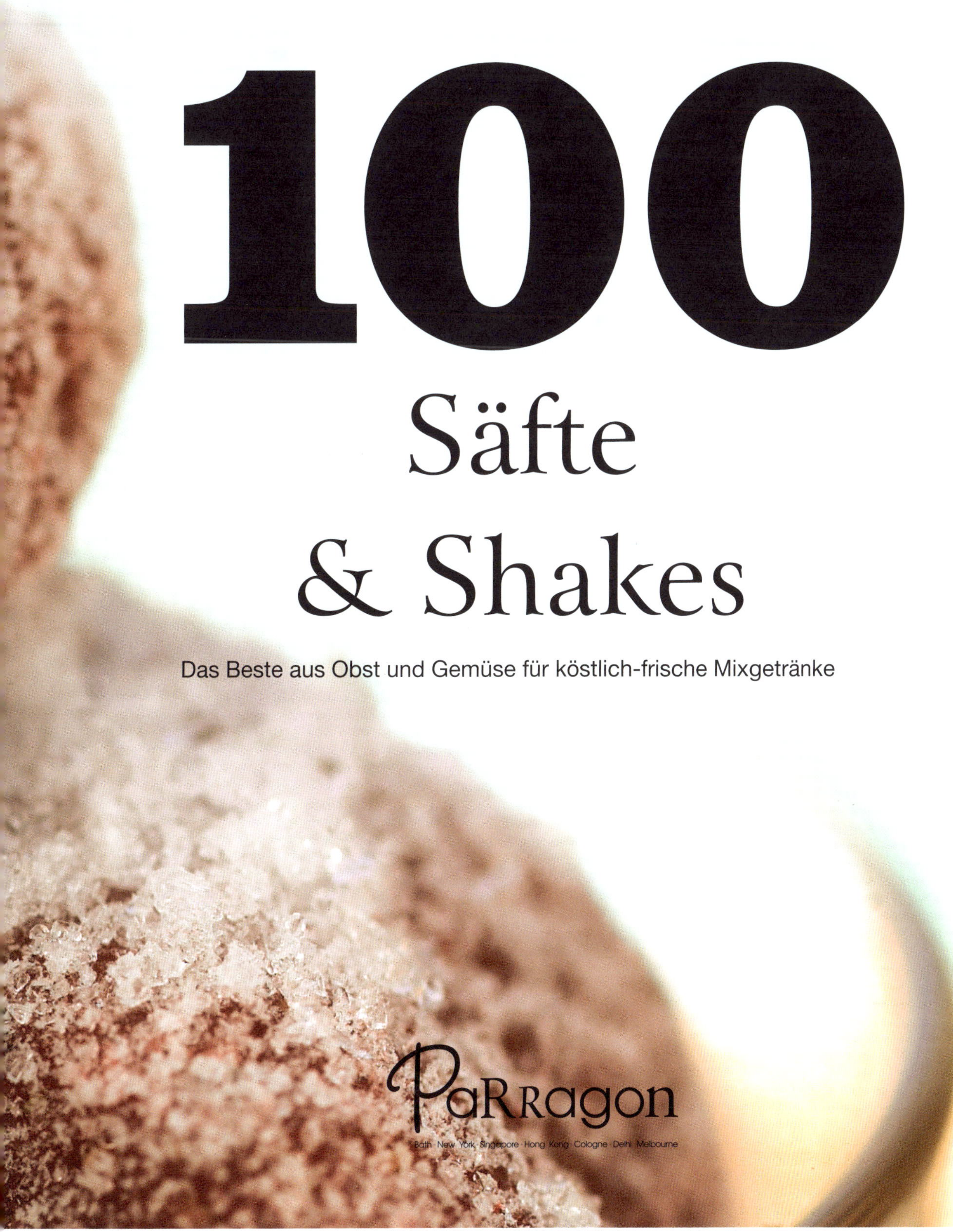

Parragon
Bath · New York · Singapore · Hong Kong · Cologne · Delhi · Melbourne

Love Food is an imprint of Parragon Books Ltd

Fotos: Günter Beer
Fachberatung: Stevan Paul
Layout: Talking Design
Text: Linda Doeser

Parragon Books Ltd
Queen Street House
4 Queen Street
Bath BA1 1HE, UK

Übersetzung: Sabine Schiffner, Köln
Satz und Projektmanagement: trans texas publishing, Köln

ISBN 978-1-4075-9704-1
Printed in China

Sofern die Schale von Zitrusfrüchten benötigt wird, verwenden Sie unbedingt unbehandelte Früchte.
Sind Zutaten in Löffeln angegeben, ist immer ein gestrichener Löffel gemeint: Ein Teelöffel entspricht 5 ml, ein Esslöffel 15 ml.
Sofern nicht anders angegeben, wird Vollmilch (3,5 % Fett) verwendet.
Es sollte stets frisch gemahlener schwarzer Pfeffer verwendet werden.
Bei Eiern und einzelnen Gemüsesorten verwenden Sie mittelgroße Exemplare.
Kinder, ältere Menschen, Schwangere, Kranke und Rekonvaleszenten sollten auf Gerichte mit rohen oder nur leicht gegarten Eiern verzichten.

Inhalt

Einleitung

Milchshakes und Fruchtsäfte sind keine neue Erfindung. Die heutigen Smoothies und Säfte sind jedoch mit den Getränken von einst nicht zu vergleichen. Sie sind vielfältiger, raffinierter und vor allem gesünder geworden und spiegeln so den Geist des 21. Jahrhunderts wider.

Die Wurzeln der Smoothies reichen zurück zum Milchpunsch des 18. Jahrhunderts. Bei diesem wurde heiße Milch mit Weinbrand oder Likör versetzt. Im Lauf des 20. Jahrhunderts wurde der Milchpunsch zunehmend vom alkoholfreien Milchshake verdrängt. Dieser bestand aus Milch, Eiscreme und etwas Fruchtsirup. Durch die Zugabe von künstlichen Farb- und Aromastoffen degenerierte der Milchshake jedoch zunehmend zu einem ungesunden und klebrigen Getränk, das nur noch künstlich und süß schmeckte. Vor einiger Zeit entstanden in den USA schließlich die Smoothies, die auf pürierten frischen Früchten, Gemüse und Milchprodukten basieren. Kräuter und Gewürze runden den Geschmack eines guten Smoothies ab. Diese gesunden Mixgetränke enthalten weder Zucker noch künstliche Zusatzstoffe und sind dadurch ein vitaminreicher Genuss für die ganze Familie!

Frucht- und Gemüsesäfte galten schon immer als gesunde Durstlöscher. Doch in der Vergangenheit wurden meist nur leicht auszupressende Früchte zu Saft verarbeitet. Auch wurde nur in den seltensten Fällen weitere Würze hinzugefügt, wie der Spritzer Worchestersauce beim Tomatensaft. Nach und nach verdrängte der industriell hergestellte Saft aus dem Supermarkt die frisch gepressten Säfte. Günstig an dieser Entwicklung war immerhin, dass die Industrie begann, Mischsäfte herzustellen, für die z. B. auch tropische Früchte verwendet wurden.

Ernährungswissenschaftler raten, täglich fünf Portionen Obst und Gemüse zu sich zu nehmen. Häufig fehlt aber die Zeit, um Arbeit, Familie, Einkaufen und Kochen unter einen Hut zu bekommen. Smoothies und Säfte helfen Ihnen dabei, die Ernährungsempfehlungen einzuhalten, und sind in Minutenschnelle zubereitet. Ohne langes Vorbereiten und Kochen nehmen Sie Ihre fünf Portionen Obst und Gemüse mit Genuss ein. So liefern Ihnen Smoothies und Säfte schon am Morgen die Vitamine, die Sie brauchen, und geben Ihnen neue Energie, wenn Sie sich müde und träge fühlen.

Besonders bei Kindern und Teenagern sind Smoothies sehr beliebt und bilden eine gesunde Alternative zu zuckrigen Limonaden. Und falls Sie keinen Alkohol trinken, können Sie auf Ihren Partys die alkoholischen Cocktails durch die alkoholfreien Getränke aus diesem Buch ersetzen. Smoothies sind zudem ideal für Diäten, da sie meist nur wenige Kalorien enthalten und sehr sättigend sind.

Dieses Buch ist in fünf Kapitel unterteilt und bietet Ihnen sowohl süße als auch pikante Rezepte. Das Kapitel *Frühstücks-Smoothies* enthält Rezepte, die Ihnen einen guten Start in den Tag ermöglichen. Auch für einen zusätzlichen Energiekick im Lauf des Tages sind diese Smoothies sehr gut geeignet. Das Kapitel *Vitaminreiche Smoothies* enthält Rezepte, die Ihr Wohlbefinden steigern. Diese Smoothies helfen Ihnen dabei, in Topform zu bleiben oder zu kommen, und bieten alles, was der Körper an Nährstoffen braucht. Das Kapitel *Fruchtige Durstlöscher* bietet Ihnen eine Auswahl an erfrischenden und durststillenden Saft- und Smoothie-Rezepten. Falls Sie nach einer gesunden Erfrischung suchen, sollten Sie das Kapitel *Leckere Muntermacher* aufschlagen. *Perfekte Milchshakes* schließlich beinhaltet leckere Shakes für die ganze Familie. Vor allem Ihre Kinder werden sie lieben!

Obst

Obst bildet die Grundlage für die meisten Smoothies und Säfte, aber auch Gemüse wird immer häufiger hinzugemixt.

Äpfel: Äpfel stecken voller Ballaststoffe und enthalten die Vitamine A und C. Süße Sorten sind z. B. Braeburn, Gala, Cox Orange und Red Delicious. Äpfel lassen sich sehr gut mit Karotten, Beeren und anderem Obst kombinieren.

Bananen: Sie sind reich an Kalium, Magnesium und Calcium. Außerdem enthalten sie Riboflavine und die Vitamine A und C. Sie lassen sich gut mit Beeren, Nüssen, Steinobst und tropischen Früchten kombinieren.

Blaubeeren: Sie enthalten viel Vitamin C und Eisen. Falls gerade keine Saison ist, können Sie auch tiefgefrorene Ware verwenden.

Grapefruits: Sie sind wahre Vitamin-C-Bomben! Rote Grapefruits sind süßer als die gelben Sorten.

Guaven: Eine Frucht deckt den Tagesbedarf eines Erwachsenen an Vitamin C und enthält viel Kalium. Sie harmonieren gut mit Äpfeln und tropischen Früchten.

Kiwis: Sie enthalten Vitamin E und viel Vitamin C. Seien Sie vorsichtig bei der Kombination mit Milchprodukten, da die Enzyme der Kiwi die Milchgerinnung beeinflussen. Sie schmecken sehr gut mit Beeren und exotischen Früchten.

Mangos: Sie sind reich an Vitamin A und C und enthalten Beta-Karotin. Mangos schmecken gut zu Melone, Kokosnuss und anderen tropischen Früchten.

Melonen: Sie enthalten viele Mineralstoffe. Die orangefleischigen Cantaloupe- und Charentais-Melonen sind besonders aromatisch. Melonen schmecken gut mit Beeren, Ananas, Gurken, Minze und Ingwer.

Orangen: Alle Zitrusfrüchte haben einen hohen Vitamin-C-Gehalt. Für Säfte werden meist süße Orangen ausgepresst. Blutorangen bringen bei Getränken noch etwas mehr Farbe ins Spiel. Orangen lassen sich gut mit Beeren, Steinfrüchten und anderen Zitrusfrüchten kombinieren.

Passionsfrüchte: Sie enthalten Vitamin A und C und haben einen süßlich sauren Geschmack. Die Samen sind zwar verzehrbar, doch wird das Fruchtfleisch meist passiert. Bewahren Sie Passionsfrüchte niemals im Kühlschrank auf! Die Früchte passen geschmacklich gut zu Beeren und anderen tropischen Früchten.

Pfirsiche: Enthalten die Vitamine A, B und C und schmecken wunderbar süß und aromatisch. Es gibt Pfirsiche mit weißem und mit gelbem Fruchtfleisch. Vor der Verarbeitung sollten die Früchte geschält und entkernt werden. Ihr Geschmack harmoniert gut mit dem von Nüssen und den meisten anderen Früchten, besonders aber mit Himbeeren.

Birnen: Sie enthalten Riboflavine, Kalium und die Vitamine A und C. Besonders saftig sind die Sorten Williams Christ, Packhams und Forelle.

Ananas: Sie enthält viel Vitamin C und verdauungsfördernde Enzyme. Bewahren Sie die Frucht niemals im Kühlschrank auf. Ananas ist gut mit Melone, tropischen Früchten, Kokosnuss, Ingwer und Zimt kombinierbar.

Himbeeren: Sie enthalten viel Vitamin C, Kalium, Eisen und Magnesium und wirken dadurch krampflösend. Es gibt viele verschiedene Himbeersorten, die alle süß und saftig schmecken. Man sollte die Früchte nicht länger als 2 Tage aufbewahren. Himbeeren schmecken gut zu Pfirsichen, Melonen und anderen Beeren.

Erdbeeren: Sie gehören zu den beliebtesten Beeren und enthalten Eisen, Kalium und die Vitamine B und C. Verwenden Sie bevorzugt reife Früchte aus regionalem Anbau. Erdbeeren sollten nicht allzu lange aufbewahrt werden. Sie schmecken hervorragend in Kombination mit Pfirsichen, Bananen, Ananas und anderen Beeren.

Wassermelonen: Enthalten die Vitamine B und C. Die Früchte haben einen hohen Wassergehalt und sind dadurch sehr durstlöschend. Verwenden Sie immer reife Früchte. Diese erkennen Sie daran, dass die Frucht nicht hohl klingt, wenn man dagegenklopft. Wassermelonen lassen sich gut mit Zitronen, Orangen, Grapefruits und anderen Melonen kombinieren.

Wichtige Küchenhelfer

Die meisten Geräte, die man benötigt, um Smoothies, Säfte und Shakes herzustellen, sind in einer gut ausgestatteten Küche schon vorhanden. Sie müssen sich keine teuren Spezialgeräte anschaffen, um in den Genuss eines leckeren Smoothies zu kommen.

Mixer: Ein guter, leistungsfähiger Mixer ist eine Investition wert. Der Motor befindet sich im Sockel des Gerätes. Darauf steht ein abnehmbarer Behälter, in den die Lebensmittel gegeben werden. Kleine Messer auf dem Boden des Behälters zerkleinern oder verbinden Bestandteile zu einem Püree. Die gängigen Modelle haben 2 Geschwindigkeitsstufen und gute Sicherheitsvorrichtungen. Um Smoothies oder Milchshakes herzustellen, können Sie auch eine gute Küchenmaschine benutzen.

Elektrische Entsafter: Falls Sie gerne frisch gepresste Säfte trinken, sind elektrische Entsafter eine sehr lohnende Anschaffung. Man kann mit ihnen in kürzester Zeit Früchte auspressen, ohne dabei viel Kraft aufwenden zu müssen. Obst und Gemüse müssen vor dem Entsaften nur in Stücke geschnitten werden. Schale, Fruchtfleisch und Kerne werden automatisch entfernt und der klare Fruchtsaft bleibt übrig.

Schneidebrett: Obst und Gemüse sollten nie auf demselben Schneidebrett wie Fleisch oder Fisch verarbeitet werden! Holzbretter lassen Messerklingen nicht so schnell abstumpfen, können aber, im Gegensatz zu Kunststoff-Schneidebrettern, nicht sterilisiert werden.

Zitruspresse: Die klassische Zitruspresse ist günstig und leicht zu bedienen. Es gibt auch elektrische Modelle, die allerdings etwas kostspieliger sind.

Entkerner: Einen Entkerner steckt man vom Stiel bis zur Blüte durch einen Apfel. Mit dem Zylinder zieht man dann das Kerngehäuse heraus. Falls die Früchte zerkleinert werden, kann man das Kerngehäuse auch mit dem Messer entfernen.

Reibe: Reiben und Hobel gibt es in großen und kleinen Ausführungen. Sehr praktisch sind rostfreie Zitrusreiben, denen die Säure der Früchte nichts anhaben kann.

Küchenmesser: Ein gutes Küchenmesser ermöglicht es Ihnen, schneller und präziser zu arbeiten. Gute Messer erkennen Sie daran, dass sie fest und ausgewogen in der Hand liegen. Allzweckmesser sind meist 20–25 cm lang und haben eine breite, leicht gebogene Klinge. Kleinere Messer mit einer 13–18 cm langen Klinge eignen sich für feinere Schneidearbeiten. Ein Obstmesser hat eine 8–10 cm lange Klinge und ist ideal zum Schälen und Schneiden von Früchten und zum Hacken von kleinen Lebensmitteln. Bewahren Sie Messer immer in einem Messerblock auf, da sie in der Schublade leicht zerkratzen und die Klinge stumpf wird. Es ist wichtig, die Messerklingen regelmäßig mit einem Messerschärfer zu bearbeiten.

Siebe: Siebe gibt es in verschiedenen Größen und Feinheitsgraden. Haarsiebe eignen sich beispielsweise hervorragend dazu, Fruchtfleisch zu passieren. Die unerwünschten Kerne bleiben im Sieb und stören Sie nicht im Getränk. Für Zitrusfrüchte sollte man immer ein Plastiksieb verwenden, da sie sehr schnell den Metallgeschmack des Siebes annehmen.

Gemüseschäler: Mit einem Gemüseschäler lassen sich Obst und Gemüse sehr schnell und einfach schälen. Es gibt sie in verschiedenen Ausführungen und Preisklassen. Linkshänder sollen darauf achten, dass sie einen speziellen Linkshänder-Gemüseschäler kaufen.

10 Tipps für den Smoothie-Genuss

1 Verwenden Sie nur frische und reife Früchte. Überreife, beschädigte Früchte und fast verdorbene Ware schmecken Sie in einem Smoothie sofort heraus.

2 Bevorzugen Sie Früchte und Gemüse der Saison und aus lokalem Anbau. Das garantiert den besten Geschmack und die meiste natürliche Fruchtsüße.

3 Bereiten Sie Früchte und Gemüse niemals lange im Voraus zu, da sie austrocknen und sich verfärben. Wichtige Vitamine werden schnell zerstört, wenn sie mit Luft in Berührung kommen.

4 Smoothies werden eisgekühlt serviert. Eiswürfel verwässern den Smoothie jedoch. Kühlen Sie stattdessen die Zutaten gut vor. Auch die Gläser, in denen Sie die Smoothies servieren, sollten gut gekühlt werden. Eis sollte nur zerkleinert in den Mixer kommen, da es sonst die Messer des Gerätes zerstören könnte.

5 Falls Gewürze mit intensivem Geschmack, wie Ingwer oder Chili, verwendet werden, sollte man vorsichtig würzen. Geben Sie zunächst nur die Hälfte der im Rezept angegebenen Menge zu, probieren Sie dann und würzen Sie nach Bedarf nach.

6 Niemals den Mixer überfüllen! Halbvoll ist optimal für Smoothies. Bei größerem Bedarf befüllen Sie den Mixer lieber mehrmals.

7 Um Zeit zu sparen, sollten die Zutaten klein geschnitten werden, bevor sie in den Mixer kommen. Auf diese Weise werden die verschiedenen Zutaten auch besser verbunden.

8 Um Honig gut dosieren zu können, sollte man den Löffel vorher in heißes Wasser tauchen. So bleibt nicht so viel Honig am Löffel kleben.

9 Die verwendeten Kräuter sollten so frisch wie möglich sein. Sind die benötigten Kräuter momentan nicht erhältlich, sollte man auf Tiefkühlware zurückgreifen. Getrocknete Kräuter sind für Smoothies nicht geeignet.

10 Lassen Sie Ihrer Fantasie freien Lauf! Sie können die Zutaten in den Rezepten so abwandeln oder ersetzen, wie Sie es möchten.

10 große Vorteile von Smoothies

1 Frisches Obst und Gemüse enthalten ein Maximum an Nährstoffen.

2 Mit Smoothies kann man auf einfache Weise die täglichen Portionen an Obst und Gemüse erhöhen.

3 Smoothies enthalten weder künstliche Aromen, Farbstoffe noch Konservierungsmittel.

4 Früchte und einige Gemüsesorten enthalten natürliche Fruchtsüße; so muss man auf Süßes nicht verzichten und isst weniger Süßigkeiten.

5 Die Herstellung von Smoothies und Säften erfordert wenig Zeit.

6 Sie bieten eine wohlschmeckende Alternative zu kommerziellen Produkten, kosten wenig, sind gesünder und lassen sich nach den individuellen Vorlieben zubereiten.

7 Sie können zu jeder Tageszeit getrunken werden und sind ein gesunder Snack für zwischendurch.

8 Übrig gebliebenes Obst kann in einen köstlichen Smoothie verwandelt werden.

9 Man weiß, was in den Smoothies steckt, und es gibt keine unangenehmen Überraschungen wie versteckte Fette oder zu viel Zucker.

10 Sie schmecken fantastisch.

Frühstücks-Smoothies

Bananen-Frühstücksshake

Beginnen Sie Ihren Tag gesund mit diesem schnell zubereiteten und leckeren Bananenshake. Bananen enthalten viel Kalium, das sich günstig auf den Blutdruck auswirkt.

Für 2 Personen

2 reife Bananen
200 g fettarmer Joghurt
125 ml fettarme Milch
½ TL Vanillezucker

Bananen, Joghurt, Milch und Vanillezucker in den Mixer oder die Küchenmaschine geben und cremig pürieren.

Sofort servieren.

Zitrusshake

Dieses fruchtige Getränk ist ein Muntermacher und gibt Ihnen morgens einen regelrechten Energieschub.

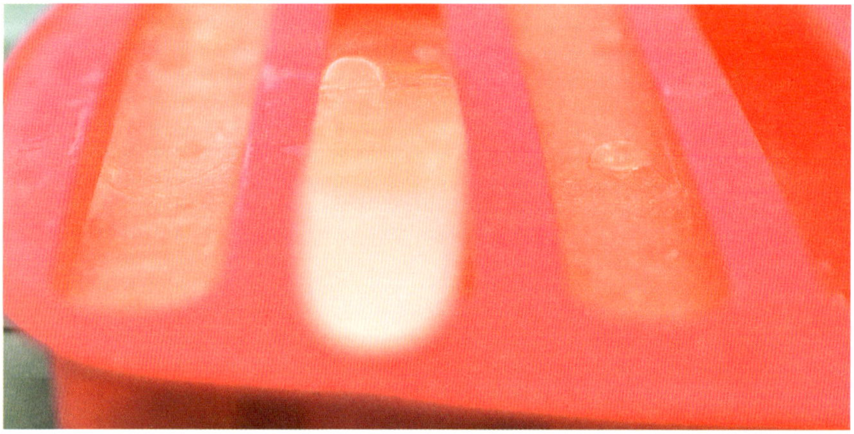

Für 4 Personen

2 Grapefruits
2 Orangen
4 EL Zitronensaft
3 EL Limettensaft
450 ml Orangensaft, gekühlt

Die Grapefruits und Orangen schälen und filetieren. Dabei über einer Schüssel arbeiten, um den Saft aufzufangen. Filets und aufgefangenen Saft in den Mixer oder die Küchenmaschine geben.

Die restlichen Zutaten zufügen und gut mixen.

Auf 4 eisgekühlte Gläser verteilen und servieren.

Sonnenaufgangssaft

Dieser Frühstückssaft enthält Tomaten und Karotten. Er schmeckt köstlich und steckt voller Vitamine und Mineralstoffe.

Für 1 Person

4 Tomaten, geviertelt
85 g Karotten, gerieben
1 TL Limettensaft

Tomaten, Karotten und Limettensaft in den Mixer oder die Küchenmaschine füllen und einige Sekunden glatt pürieren.

Durch ein Haarsieb in ein Glas gießen. Mit einer Gabel so viel Flüssigkeit wie möglich durch das Sieb drücken. Sofort servieren.

Frühstücks-Smoothie

Starten Sie mit diesem Vitamin- und Mineralienpaket gut in den Tag!

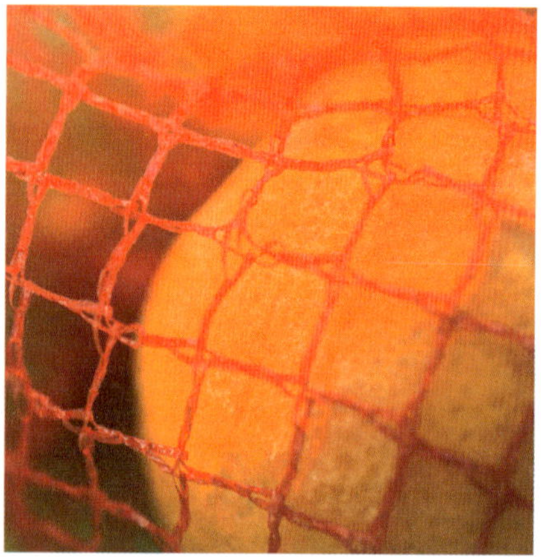

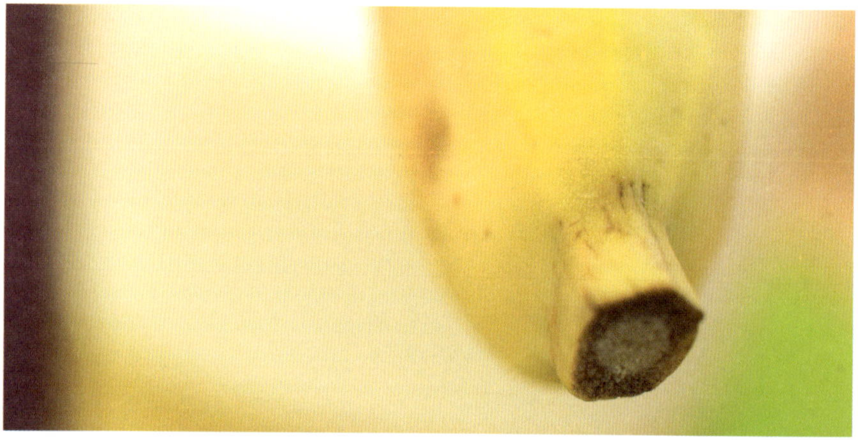

Für 2 Personen

250 ml Orangensaft
125 g Naturjoghurt
2 sehr frische Eier
2 Bananen, in Stücke geschnitten und tiefgekühlt
2 Babybananen, zum Garnieren

Orangensaft und Joghurt in den Mixer oder die Küchenmaschine geben und cremig mixen.

Eier und gefrorene Bananen zugeben und glatt pürieren.

Den Smoothie auf 2 Gläser verteilen. Die Babybananen in der Mitte einschneiden und auf die Glasränder stecken. Sofort servieren.

Süßer Grapefruitdrink

Pomelos sind süßer und saftiger als Grapefruits und eignen sich hervorragend für Smoothies. So beginnt der Tag nicht zu sauer.

Für 2 Personen

- 3 große, reife Pomelos oder Grapefruits
- 150 ml Mineralwasser
- 1 EL Blütenhonig (nach Belieben)

Zum Garnieren

- 4–8 dünne Limetten- oder Kiwischeiben
- 2 EL fettarmer Joghurt

Die Pomelos halbieren und entsaften. Den Saft auf 2 hohe Gläser verteilen.

Wasser und nach Belieben Honig zugeben. Mit einem Löffel verrühren.

1–2 Limetten- oder Kiwischeiben auf den Drink legen und mit jeweils 1 Esslöffel Joghurt servieren.

Beeren-Smoothie

Dieser Smoothie macht Sie morgens schnell munter. Falls Sie ihn etwas süßer mögen, fügen Sie 1–2 Teelöffel flüssigen Honig hinzu.

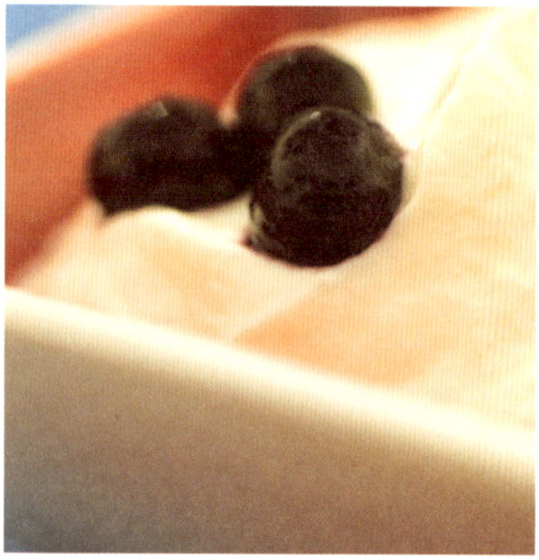

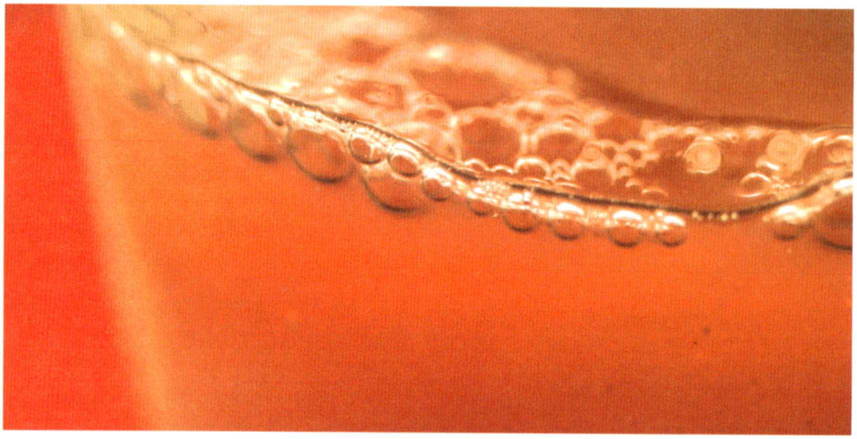

Für 2 Personen

175 g Blaubeeren
150 ml Cranberry-Saft
150 g Naturjoghurt
2–4 TL Honig (nach Belieben)
Strohhalme, zum Servieren

Blaubeeren und Cranberry-Saft in den Mixer oder die Küchenmaschine geben und 1–2 Minuten pürieren.

Den Joghurt und nach Belieben Honig zufügen und noch einmal gut mixen.

Auf 2 gekühlte Gläser verteilen, Strohhalme hineinstecken und servieren.

Tropischer Wassermelonen-Smoothie

Perfekt für einen heißen Sommertag. Dieser Smoothie löscht Ihren Durst von Sonnenauf- bis Sonnenuntergang!

Für 2 Personen

1 kleine Wassermelone
(etwa 600 g)
2 Babybananen
220 ml Kokosmilch

Die Wassermelone achteln, entkernen und schälen. Das Fruchtfleisch in Stücke schneiden. Die Bananen schälen und in Scheiben schneiden.

Wassermelone, Banane und Kokoscreme in den Mixer oder die Küchenmaschine geben und glatt pürieren.

Auf 2 gekühlte Gläser verteilen und servieren.

Himbeer-Erdbeer-Smoothie

Die zwei beliebtesten Beerensorten werden in diesem Smoothie gemixt und ergeben eine köstliche Einheit!

Für 2–4 Personen

- 50 g Himbeeren
- 50 g Erdbeeren, halbiert
- 225 g Crème fraîche
- 225 ml Milch
- einige Tropfen Bittermandelaroma (nach Belieben)
- 2–3 EL flüssiger Honig

Die Himbeeren durch ein Haarsieb in eine Schüssel passieren.

Das Himbeermark mit den restlichen Zutaten in den Mixer oder die Küchenmaschine geben und glatt pürieren.

Den Smoothie auf 2–4 gekühlte Gläser verteilen und sofort servieren.

Rosa Grapefruitdrink

Dieser Smoothie bringt Sie gut gelaunt durch die Woche.

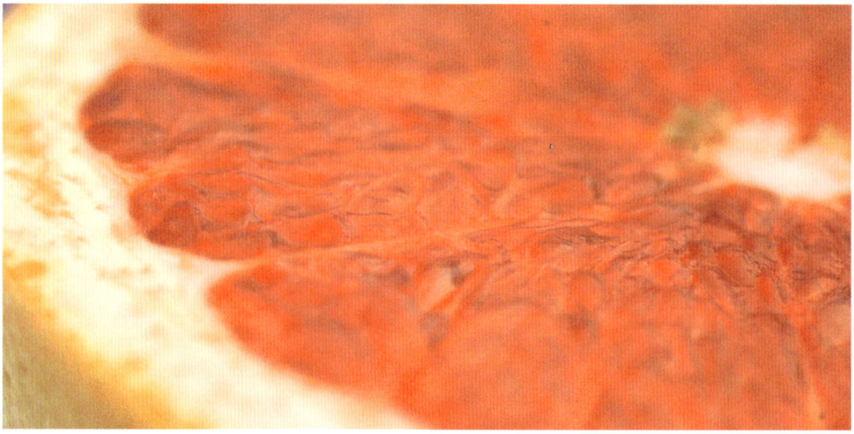

Für 2 Personen

- 1 große, rote oder rosafarbene Grapefruit
- 100 ml eisgekühltes Wasser
- 100 g Joghurt (10 %)
- 1 EL flüssiger Blüten- oder Akazienhonig
- 2 Grapefruitscheiben, zum Garnieren

Die Grapefruit schälen und filetieren. Dabei über einer Schüssel arbeiten, um den Saft aufzufangen. Filets, aufgefangenen Saft und das Wasser in den Mixer oder die Küchenmaschine geben.

Joghurt und Honig zufügen und gut mixen.

Auf 2 Gläser verteilen, mit Grapefruitscheiben garnieren und servieren.

Blaubeer-Smoothie

Blaubeeren sind eine Köstlichkeit. In diesem Smoothie wird ihr süß-säuerlicher Geschmack durch den Joghurt unterstrichen.

Für 2 Personen

100 g Joghurt (10 %)
100 ml Wasser
125 g gefrorene Blaubeeren, plus ein paar mehr zum Garnieren

Joghurt, Wasser und Blaubeeren in den Mixer oder die Küchenmaschine geben und glatt pürieren.

Den Smoothie auf 2 Gläser verteilen, mit Blaubeeren garnieren und servieren.

Orangen-Erdbeer-Schaum

Einer der beliebtesten Smoothies! Die verschiedenen Obstaromen verbinden sich zu einem zarten, schaumigen Traum.

Für 2 Personen

125 g Naturjoghurt
175 g Erdbeerjoghurt
175 ml Orangensaft
175 g gefrorene Erdbeeren
1 Banane, in Stücke geschnitten und tiefgekühlt

Zum Garnieren
2 Orangenfilets
2 frische Erdbeerhälften
2 Zahnstocher

Beide Joghurtsorten in den Mixer oder eine Küchenmaschine geben und verrühren. Den Orangensaft zugießen und mixen.

Erdbeeren und Banane zufügen und glatt pürieren.

Den Smoothie auf 2 Gläser verteilen. Jeweils 1 Orangenfilet und 1 Erdbeerhälfte auf einen Zahnstocher stecken und auf die Gläser legen. Sofort servieren.

Fruchtkefir

Sie können den Pfirsichjoghurt auch durch andere Joghurtsorten ersetzen. So lässt sich dieser Drink variieren.

Für 4 Personen

1 Banane, in Stücke geschnitten
120 g Erdbeeren, halbiert
225 g Pfirsichjoghurt
2 EL flüssiger Honig
225 ml Apfelsaft, gekühlt

Banane, Erdbeeren, Joghurt und Honig in den Mixer oder die Küchenmaschine geben und glatt pürieren. Den Apfelsaft langsam zugießen und gut mixen.

Auf 4 gekühlte Gläser verteilen und servieren.

Pinkfarbener Beerentraum

Die Beeren verleihen diesem Smoothie ein intensives Rosa. Der Star auf jedem Mädchen-Kindergeburtstag!

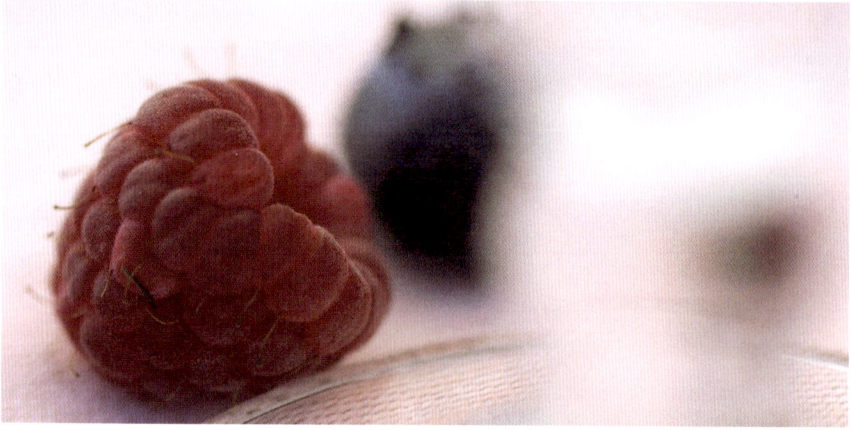

Für 2 Personen

300 ml Milch oder Sojamilch
2 EL Naturjoghurt
1 EL Ahornsirup
3 Himbeeren
50 g Blaubeeren
25 g Schwarze Johannisbeeren
geröstete Sesamsaat, zum Garnieren

Alle Zutaten in den Mixer oder die Küchenmaschine geben und schaumig pürieren.

Auf 2 hohe Gläser verteilen, Sesamsaat darüberstreuen und sofort servieren.

Mandel-Bananen-Smoothie

Dies ist ein toller Smoothie für alle, die nur auf Milch aber nicht auf Geschmack verzichten wollen.

Für 3–4 Personen

125 g blanchierte Mandeln
600 ml laktosefreie Milch
2 reife Bananen, in Stücke geschnitten
1 TL Vanilleessenz
gemahlener Zimt, zum Bestäuben

Die Mandeln in die Küchenmaschine geben und sehr fein pürieren. Milch, Bananen und Vanilleessenz zufügen und cremig mixen.

Auf 3–4 Gläser verteilen, mit Zimt bestreuen und servieren.

Bananen-Pfirsich-Erdbeer-Smoothie

Diese Fruchtkombination ist ein Traum! Der Geschmack ist die Mühe wert.

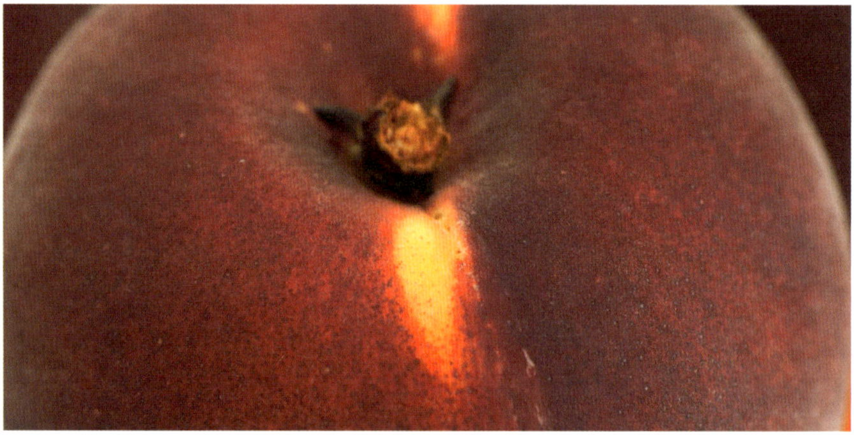

Für 2 Personen

- 300 ml Milch oder Sojamilch
- 2 EL Naturjoghurt
- 1 EL Ahornsirup
- ½ Banane, in Stücke geschnitten
- ½ reifer Pfirsich, gehäutet und in Stücke geschnitten
- 3 Erdbeeren

Alle Zutaten in den Mixer oder in die Küchenmaschine geben und cremig pürieren.

Auf 2 Gläser verteilen und servieren.

Smoothie aus Gartenobst

Durch das kurze Aufkochen der Früchte werden Geschmack und Aroma intensiver.

Für 2 Personen

1 reife Birne, geschält und geviertelt
1 Apfel, geschält und geviertelt
2 große rote Pflaumen, halbiert
4 reife Zwetschgen, halbiert
200 ml Wasser
Apfel- und Birnenspalten, zum Garnieren

Birne, Apfel, Pflaumen, Zwetschgen und Wasser in einen Topf geben, abdecken und bei mittlerer Hitze zum Kochen bringen. Sofort vom Herd nehmen und abkühlen lassen. Dann für 30 Minuten in den Kühlschrank stellen.

Die Früchte mit der Flüssigkeit in den Mixer oder die Küchenmaschine geben und cremig pürieren.

Auf 2 Gläser verteilen und mit Apfel- und Birnenspalten dekorieren.

Melonen-Ananas-Saft

Diese großartige Kombination süßer und etwas säuerlicher Säfte wird Sie wieder in Schwung bringen.

Für 2 Personen

100 ml Ananassaft
4 EL Orangensaft
125 g Galia-Melone, in Stücke geschnitten, plus 2 Scheiben mit Schale, zum Dekorieren
140 g Ananas, in Stücke geschnitten und tiefgekühlt
4 gestoßene Eiswürfel

Ananas- und Orangensaft in den Mixer oder die Küchenmaschine geben und kurz mixen.

Melone, Ananasstücke und Eiswürfel zufügen und pürieren, bis der Saft etwas andickt.

Auf 2 Gläser verteilen, mit Melonenscheiben dekorieren und servieren.

Karotten-Pfeffer-Turbo

Dieser Shake bringt Sie auf Hochtouren und lässt Sie energiegeladen in den Tag starten.

Für 2 Personen

250 ml Karottensaft
250 ml Tomatensaft
2 große rote Peperonis, entkernt und in Stücke geschnitten
1 EL Zitronensaft
frisch gemahlener schwarzer Pfeffer
Strohhalme, zum Servieren

Karotten- und Tomatensaft in den Mixer oder die Küchenmaschine geben und kurz mixen.

Peperonis und Zitronensaft zufügen, mit reichlich Pfeffer abschmecken und cremig pürieren.

Den Shake auf 2 Gläser verteilen und etwas gemahlenen Pfeffer darübergeben. Strohhalme hineinstecken und servieren.

Feuriger Tomatensaft

Dieses Getränk schmeckt würzig-scharf und bringt jeden in Schwung.

Für 2 Personen

3 frische rote Chillies
Eiswasser
500 ml Tomatensaft
1 Spritzer Worchestersauce
1 Frühlingszwiebel, fein gehackt, plus etwas mehr zum Garnieren
6 gestoßene Eiswürfel

Für die Garnierung 2 Chillies mit einem scharfen Messer der Länge nach sechsmal einschneiden. Dafür die Messerspitze etwa 1 cm unterhalb des Stiels ansetzen und bis zum Ende durchziehen. Die Chillies in eine Schüssel mit Eiswasser geben und etwa 25–30 Minuten darin liegen lassen, bis sich die Enden aufrollen und eine Blütenform annehmen.

Die dritte Chili fein hacken, zusammen mit den restlichen Zutaten in den Mixer oder die Küchenmaschine geben und glatt pürieren.

Die Mischung auf 2 Gläser verteilen, mit jeweils einer Chiliblüte und Frühlingszwiebeln garnieren und servieren.

Gemüsecocktail

Dieser würzige Cocktail enthält eine komplette Gemüsemahlzeit in einem Glas!

Für 2 Personen

- 125 ml Karottensaft
- 500 g Tomaten, gehäutet und in Stücke geschnitten
- 1 EL Zitronensaft
- 4 Selleriestangen, geputzt, Fäden entfernt und in Stücke geschnitten, plus 2 kurze Stangen mit Blättern zum Garnieren
- 4 Frühlingszwiebeln, grob gehackt
- 1 EL Petersilie
- 1 EL Minze

Karottensaft, Tomaten und Zitronensaft in den Mixer oder die Küchenmaschine geben und kurz mixen.

Sellerie, Frühlingszwiebeln, Petersilie und Minze zufügen und glatt pürieren.

Die Mischung auf 2 Gläser verteilen, mit den kurzen Selleriestangen garnieren und servieren.

Vitaminreiche Smoothies

Süßsaurer Smoothie

Dieser köstliche und farbenfrohe Smoothie bringt das Immunsystem auf Trab und hilft beim Entschlacken.

Für 2 Personen

- 225 ml frisch gepresster Orangensaft
- 175 g gekochte Rote Bete, in Stücke geschnitten, plus etwas mehr zum Garnieren
- 5 EL Naturjoghurt
- 150 ml Wasser
- Salz (nach Belieben)

Alle Zutaten in den Mixer geben und glatt pürieren.

Den Smoothie auf 2 Gläser verteilen, mit Roter Bete garnieren und servieren.

Papaya-Bananen-Smoothie

Dies ist ein vitaminreicher Smoothie, der verdauungsfördernd wirkt und den Kreislauf ankurbelt.

Für 2 Personen

1 Papaya, entkernt, geschält und in Stücke geschnitten
Saft von 1 Zitrone
1 große Banane, in Stücke geschnitten
350 ml frisch gepresster Orangensaft
$\frac{1}{4}$ TL gemahlener Ingwer

Die Papayastücke mit dem Zitronensaft beträufeln.

Papaya, Banane, Orangensaft und Ingwer in den Mixer oder die Küchenmaschine geben und cremig pürieren.

Auf 2 gekühlte Gläser verteilen und servieren.

Entschlackender Shake

Finden Sie, dass Ihr Haar gerade etwas stumpf aussieht und Ihre Gesichtshaut etwas blass? Dann hilft Ihnen dieser köstliche Shake dabei zu entschlacken.

Für 2 Personen

- 1 Mango, geschält und in Stücke geschnitten
- 1 Kiwi, geschält und in Stücke geschnitten
- 350 ml Ananassaft
- 4 frische Pfefferminzblätter

Alle Zutaten in den Mixer oder in die Küchenmaschine geben und cremig pürieren.

Auf 2 gekühlte Gläser verteilen und servieren.

Belebender Apfel-Sellerie-Shake

Geben Sie Ihrem Körper und Geist einen Energieschub mit diesem wohlschmeckenden Shake. Er hilft Ihnen auch über jeden Kater!

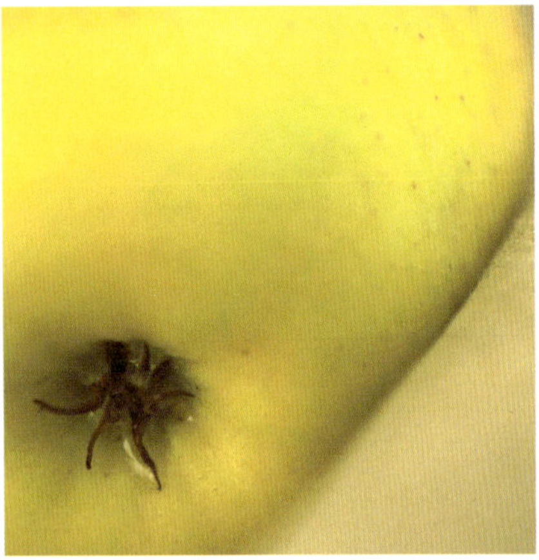

Für 2 Personen

1 Apfel, geschält, entkernt und in Stücke geschnitten
120 g Selleriestangen, in Stücke geschnitten, plus ein paar dünne Streifen zum Garnieren
600 ml Milch
Zucker (nach Belieben)
Salz (nach Belieben)

Apfel, Sellerie und Milch in den Mixer oder die Küchenmaschine geben und glatt pürieren.

Nach Belieben mit einer Prise Zucker und Salz abschmecken.

Den Shake auf 2 Gläser verteilen, mit Selleriestreifen garnieren und servieren.

Bananen-Erdbeer-Smoothie

Schnell zubereitet und dabei so köstlich! Bananen und Erdbeeren sind einfach eine großartige Kombination.

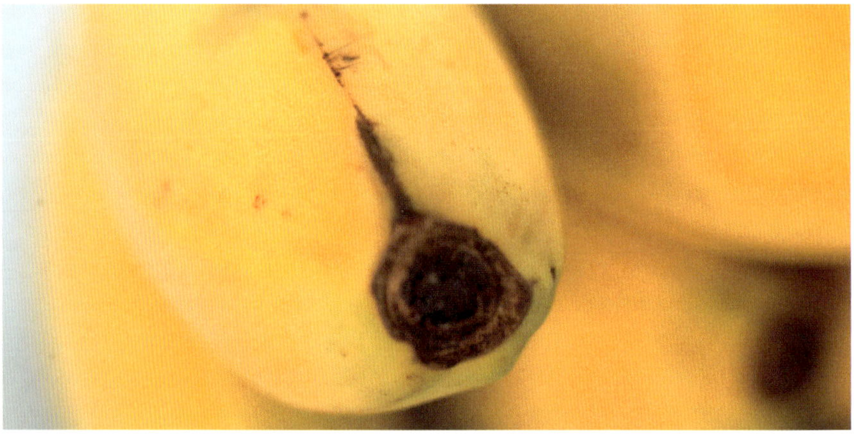

Für 2 Personen

1 Banane, in Stücke geschnitten
85 g Erdbeeren, plus 2 Erdbeeren zum Garnieren
150 g fettarmer Joghurt

Alle Zutaten in den Mixer oder die Küchenmaschine geben und cremig pürieren.

Auf 2 Gläser verteilen, mit den Erdbeeren garnieren und mit einem Löffel servieren.

Tropischer Smoothie

Ananas und Papaya sind reich an Antioxidantien und enthalten Enzyme, die sich positiv auf das Verdauungssystem auswirken.

Für 2 Personen

- 1 reife Papaya, geschält, entkernt und in Stücke geschnitten
- ½ Ananas, geschält und in Stücke geschnitten, plus etwas mehr zum Garnieren
- 150 ml Sojamilch
- 300 g Sojajoghurt

Alle Zutaten in den Mixer oder die Küchenmaschine geben und glatt pürieren.

Auf 2 Gläser verteilen, mit Ananasstücken garnieren und servieren.

Apfel-Karotten-Gurken-Saft

Dieses Getränk steckt voller Antioxidantien und löslicher Ballaststoffe. Die harntreibenden Eigenschaften von Gurke und Karotte schwemmen Giftstoffe aus dem Körper aus.

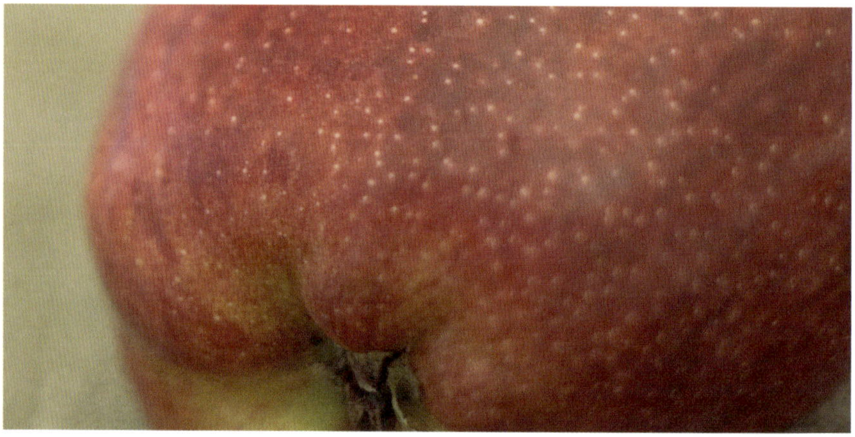

Für 1 Person

1 Apfel, in Stücke geschnitten, plus etwas mehr zum Garnieren
1 Karotte, in Stücke geschnitten, plus etwas mehr zum Garnieren
½ Gurke, in Stücke geschnitten, plus etwas mehr zum Garnieren
2 Holzspieße

Alle Zutaten in den Mixer oder die Küchenmaschine geben und glatt pürieren.

Den Saft in ein Glas geben. Apfel-, Karotten- und Gurkenstücke abwechselnd auf die Holzspieße stecken und auf das Glas legen. Sofort servieren.

Blaubeershake

Süß, aromatisch, saftig und cremig – das ist Magie im Glas!

Für 2 Personen

175 ml Apfelsaft
125 g Naturjoghurt
1 Banane, in Stücke geschnitten und tiefgekühlt
175 g gefrorene Blaubeeren, plus ein paar mehr zum Garnieren
2 kurze Holzspieße

Apfelsaft und Joghurt in den Mixer oder die Küchenmaschine geben und kurz mixen. Banane und Blaubeeren zufügen und cremig pürieren.

Den Shake auf 2 Gläser verteilen. Ein paar Blaubeeren auf die Holzspieße stecken, auf die Gläser legen und servieren.

Aprikosen-Orangen-Smoothie

Dieser Smoothie ist eine vitamin- und mineralhaltige Mahlzeit im Glas. Denken Sie daran, die Aprikosen über Nacht einzuweichen!

Für 2 Personen

125 g getrocknete Aprikosen
250 ml kochendes Wasser
Saft von 4 mittelgroßen Orangen
2 EL Naturjoghurt
1 TL dunkler Rohrzucker

Die Aprikosen in eine Schüssel geben, das heiße Wasser darübergießen und über Nacht einweichen.

Am nächsten Morgen die Aprikosen mit dem Einweichwasser in den Mixer oder die Küchenmaschine geben und pürieren. Den Orangensaft zufügen und glatt mixen.

Den Smoothie auf 2 Gläser verteilen, jeweils 1 Esslöffel Joghurt und etwas Zucker darübergeben und servieren.

Beeren-Sesam-Smoothie

Die Sesamsaat gibt diesem Smoothie das gewisse Etwas. Sie können den fertigen Smoothie auch nach Belieben zusätzlich mit etwas Sesam garnieren.

Für 1 Person

- 25 g Blaubeeren
- 85 g frische Himbeeren, oder Tiefkühlware aufgetaut
- 1 TL flüssiger Honig
- 200 g Biojoghurt
- 2 EL gestoßenes Eis
- 1 EL Sesamsaat

Die Blaubeeren in den Mixer oder die Küchenmaschine geben und 1 Minute mixen.

Himbeeren, Honig und Joghurt zufügen und wieder 1 Minute mixen.

Eis und Sesamsaat zugeben und cremig pürieren.

In ein großes Glas gießen und servieren.

Guavenshake

Guaven enthalten sehr viel Vitamin C. Mit Milch gemischt, ergeben sie einen wahren Energiedrink!

Für 2 Personen

400 g frische Guaven, oder Guaven in Sirup, abgetropft
250 ml eiskalte Milch

Guaven und Milch in den Mixer oder die Küchenmaschine geben und glatt pürieren.

Durch ein Sieb in 2 Gläser gießen und servieren.

Brombeershake

Kulturbrombeeren sind schön saftig, ihre wilde Verwandten dafür aromatischer. Falls Sie genügend wilde Brombeeren finden, können Sie diese natürlich auch verwenden.

Für 2 Personen

125 g Kulturbrombeeren
125 g Blaubeeren
100 ml eiskaltes Wasser
150 g Naturjoghurt

Brombeeren, Blaubeeren, Wasser und Joghurt in den Mixer oder die Küchenmaschine geben und glatt mixen.

Den Shake auf 2 Gläser verteilen und servieren.

Birnen-Himbeer-Traum

Dieser erfrischende Smoothie schmeckt wunderbar fruchtig. Sollten die Himbeersamen Sie stören, können Sie den Drink vor dem Servieren durch ein Sieb passieren.

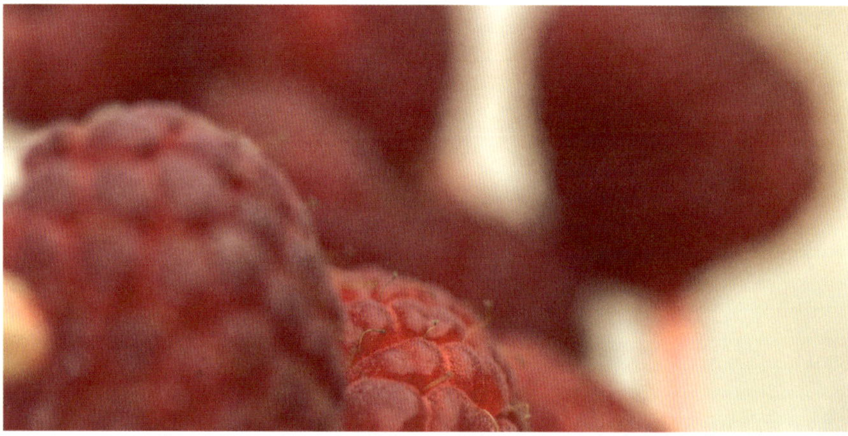

Für 2 Personen

2 große Birnen, geschält, geviertelt und entkernt
125 g frische oder gefrorene Himbeeren, plus ein paar mehr zum Garnieren
200 ml eiskaltes Wasser
Honig (nach Belieben)
2 Cocktailspieße

Birnen, Himbeeren und Wasser in den Mixer oder die Küchenmaschine geben und glatt pürieren.

Nach Belieben mit Honig abschmecken und auf 2 Gläser verteilen.

Ein paar Himbeeren auf die Cocktailspieße stecken, in die Gläser geben und servieren.

Gurken-Minze-Wasser

Gurke und Minze sind sehr durstlöschend und erfrischend. Dieses Getränk ist einfach perfekt für einen heißen Sommertag.

Für 1 Person

Minzeblätter, fein gehackt
1 TL Zucker
Saft von 1 Zitrone
2-cm-Stück Gurke, in feine Scheiben geschnitten
Sprudelwasser, gekühlt
Eiswürfel

Einen Teil der Minzeblätter mit dem Zucker mischen.

Den Rand eines Glases mit Zitronensaft anfeuchten und in den Minzezucker tauchen. Beiseitestellen und trocknen lassen.

Den restlichen Zitronensaft, Gurke und Minzeblätter in einer kleinen Schüssel vermischen und im Kühlschrank kurz ziehen lassen.

Die Gurkenmischung in das vorbereitete Glas geben, mit Sprudelwasser und einigen Eiswürfeln auffüllen und servieren.

Karottencocktail

Ananas und Karotten sind tolle Vitaminlieferanten und ergänzen sich geschmacklich hervorragend.

Für 1 Person

85 g Karotten, in Stücke geschnitten
1 Scheibe frische Ananas, geschält und in Stücke geschnitten
1 TL Zitronensaft
1 EL flüssiger Honig
Eiswürfel
Minzeblätter, zum Garnieren

Karotten, Ananas, Zitronensaft und Honig in den Mixer oder die Küchenmaschine geben und in 1–2 Minuten glatt pürieren.

Ein paar Eiswürfel in ein Glas geben und den Karottencocktail darübergießen. Mit ein paar Minzeblättern garnieren und servieren.

Ananas-Karotten-Drink

Ananas enthält Enzyme, die sehr förderlich für die Verdauung sind. Auch wird ihnen nachgesagt, dass sie Entzündungen und Schwellungen schneller abklingen lassen.

Für 2 Personen

1 Handvoll gestoßenes Eis
2 Karotten, in Stücke geschnitten
120 g Ananas aus der Dose, abgetropft
175 ml gekühlter Ananassaft
Gurkenstreifen, zum Garnieren

Das Eis in den Mixer geben, Karotten, Ananasstücke und -saft zufügen und glatt pürieren.

Auf 2 gekühlte Gläser verteilen, mit Gurkenstreifen garnieren und servieren.

Rote-Bete-Smoothie

Rote Bete ist sehr ballaststoffreich. Falls Sie es noch gesünder haben möchten, dann verzichten Sie auf das Salz.

Für 2 Personen

- 175 g gekochte Rote Bete, in Stücke geschnitten
- 175 ml Orangensaft, gekühlt
- 5 EL Naturjoghurt, gekühlt
- 150 ml stilles Mineralwasser, gekühlt
- Salz (nach Belieben)
- 2 Orangenscheiben, zum Garnieren

Rote Bete, Orangensaft, Joghurt und Wasser in den Mixer oder die Küchenmaschine geben und glatt pürieren. Nach Belieben mit Salz abschmecken.

Auf 2 gekühlte Gläser verteilen. Zum Garnieren die Orangenscheiben auf die Glasränder stecken und servieren.

Rote-Bete-Birnen-Saft

Rote Bete regt den Verdauungstrakt und die Leber an. Die Birne verleiht dem Getränk Süße und zusätzliche Ballaststoffe. Der Spinat enthält Antioxidantien.

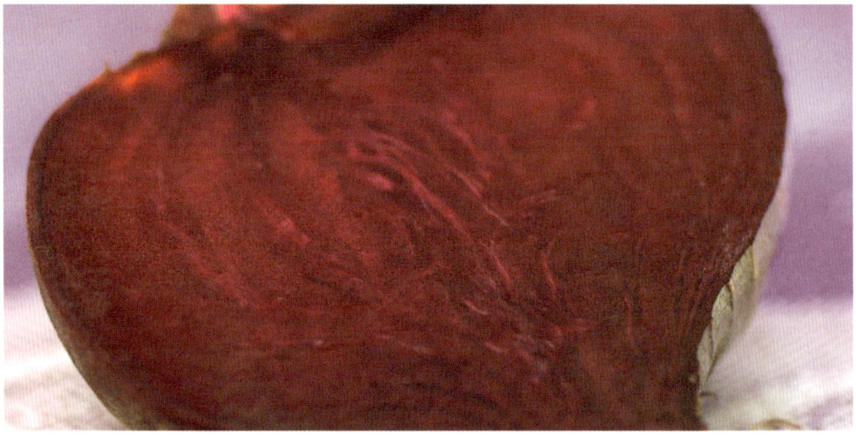

Für 1 Person

- 1 Rote Bete, geschält und in Stücke geschnitten
- 1 Birne, geschält, entkernt und in Stücke geschnitten
- 25 g frischer Blattspinat, plus 1 Blatt zum Garnieren
- stilles Wasser (nach Belieben)

Rote Bete, Birne und Spinat in den Mixer oder die Küchenmaschine geben und glatt pürieren. Nach Belieben etwas Mineralwasser zugießen und nochmals kurz mixen.

In ein Glas füllen, mit einem Spinatblatt garnieren und servieren.

Karotten-Ingwer-Saft

Der Ingwer gibt dem Getränk nicht nur geschmacklich einen Kick, sondern ist auch gut für den Stoffwechsel.

Für 2 Personen

250 ml Karottensaft
4 Tomaten, gehäutet, entkernt und in Stücke geschnitten
1 EL Zitronensaft
25 g frische Petersilie, plus etwas mehr zum Garnieren
1 EL frisch geriebener Ingwer
6 gestoßene Eiswürfel
125 ml Wasser

Karottensaft, Tomaten und Zitronensaft in den Mixer oder die Küchenmaschine geben und kurz mixen.

Petersilie, Ingwer und Eiswürfel zufügen und glatt pürieren. Das Wasser zugießen und nochmals kurz mixen.

Den Saft auf 2 Gläser verteilen, mit Petersilie garnieren und servieren.

Paprika-Tomaten-Saft

Dieser Saft wird Sie aus jedem mittäglichen Tief herausholen und Ihnen neue Kraft verleihen.

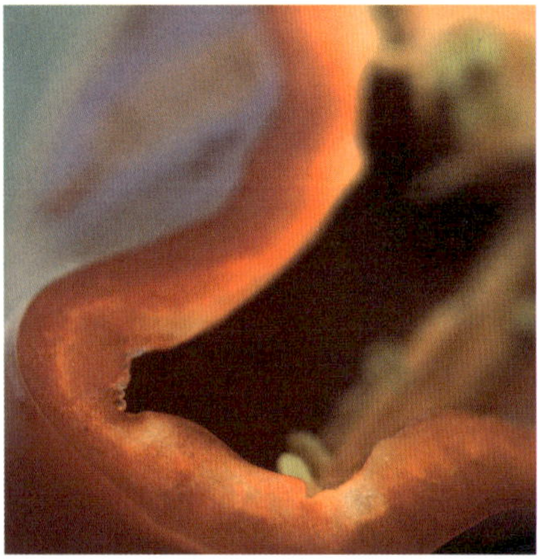

Für 2 Personen

250 ml Karottensaft
250 ml Tomatensaft
2 große rote Paprika, in Stücke geschnitten
1 EL Zitronensaft
frisch gemahlener schwarzer Pfeffer
Karottenstreifen, zum Garnieren

Karotten- und Tomatensaft in eine Küchenmaschine geben und kurz mixen.

Paprika, Zitronensaft und reichlich Pfeffer zufügen und glatt pürieren.

Den Saft auf 2 Gläser verteilen, mit Karottenstreifen garnieren und servieren.

Fruchtige Durstlöscher

Wassermelonen-Smoothie

In Südeuropa, besonders in Griechenland, sind Wassermelonen sehr beliebt, da sie extrem durstlöschend sind.

Für 2 Personen

400 g Wassermelone, geschält, entkernt und in Stücke geschnitten, plus 2 Stücke mit Schale, zum Garnieren
Eiswürfel

Das Melonenfleisch in den Mixer oder die Küchenmaschine geben und glatt pürieren.

In jedes Glas jeweils ein paar Eiswürfel geben und mit dem Smoothie aufgießen. Mit den Wassermelonenstücken garnieren und servieren.

Melonen-Mango-Smoothie

Alle Melonensorten eignen sich hervorragend dazu, erfrischende Sommergetränke herzustellen.

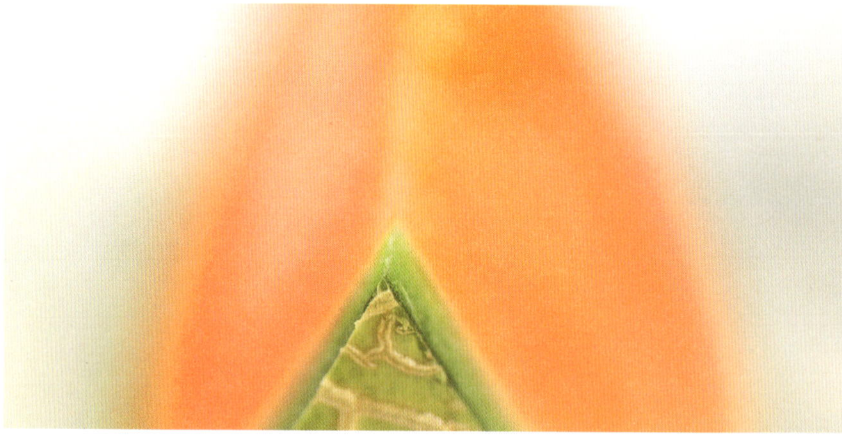

Für 2 Personen

1 Cantaloupe-Melone, halbiert und entkernt
600 ml Mangosaft
2 EL frisch gepresster Orangensaft
2 Orangenscheiben, zum Garnieren

Das Melonenfleisch mit einem Löffel aus der Schale lösen und in den Mixer oder die Küchenmaschine geben. Mango- und Orangensaft zugeben und glatt pürieren.

Auf 2 gekühlte Gläser verteilen. Zum Garnieren die Orangenscheibe an die Glasränder stecken und servieren.

Ananas-Bananen-Smoothie

Dieser tropische Smoothie wird Sie nicht nur mit einer geballten Ladung an Mineralstoffen, sondern auch mit seinem unvergleichlichen Geschmack verwöhnen.

Für 4 Personen

1 Handvoll gestoßenes Eis
2 Bananen
225 ml Ananassaft, gekühlt
125 ml Zitronensaft
4 halbe Ananasscheiben, zum Garnieren

Das Eis in den Mixer geben. Die Bananen schälen und direkt in den Mixer schneiden. Ananas- und Zitronensaft zugießen und glatt pürieren.

Den Smoothie auf 4 Gläser verteilen, mit den Ananasscheiben garnieren und servieren.

Cranberry-Smoothie

Cranberrys sind die größeren amerikanischen Verwandten der Preiselbeere und bei uns getrocknet oder tiefgefroren erhältlich.

Für 4 Personen

350 g Cranberrys, Tiefkühlware aufgetaut
450 ml Cranberry-Saft, gekühlt
300 g Naturjoghurt
2–3 EL flüssiger Honig

Beeren und Saft in den Mixer oder die Küchenmaschine geben und glatt pürieren.

Joghurt und Honig zufügen und erneut kurz mixen. Auf 4 gekühlte Gläser verteilen und servieren.

Erdbeer-Colada

Diese Colada – ein Mixgetränk auf Kokosbasis – enthält keinen Alkohol, dafür aber viele Mineralien und Vitamine.

Für 2 Personen

450 g Erdbeeren, plus
2 Stück zum Garnieren
150 ml Kokoscreme
600 ml Ananassaft, gekühlt

Die Erdbeeren halbieren und in den Mixer geben.

Kokoscreme und Ananassaft zugießen und glatt pürieren. Auf 2 gekühlte Gläser verteilen, mit den Erdbeeren garnieren und servieren.

Watermelon Sunset

Ein wunderbar erfrischender alkoholfreier Cocktail, der perfekt auf jede Sommerparty passt.

Für 4 Personen

- 1 Wassermelone, geviertelt
- 6 EL frisch gepresster rosafarbener Grapefruitsaft
- 6 EL frisch gepresster Orangensaft
- Limettensaft

4 kleine Stücke Wassermelone mit Schale zurückbehalten und die restliche Melone schälen und in Stücke schneiden. Die Kerne entfernen und das Fleisch in den Mixer schneiden. Grapefruit-, Orangen- und Limettensaft zugießen und glatt pürieren.

Auf 4 gekühlte Gläser verteilen, mit den Melonenstücken garnieren und servieren.

Apple Cooler

Der klassische alkoholfreie Drink wird aus Äpfeln, Erdbeeren und Orangen gemixt.

Für 2 Personen

2 reife Äpfel, geschält und in Stücke geschnitten, plus 2 Apfelscheiben mit Schale, zum Garnieren
50 g Erdbeeren
Saft von 4 Orangen
Zucker (nach Belieben)

Apfelstücke, Erdbeeren und Orangensaft in den Mixer oder die Küchenmaschine geben und glatt pürieren.

Nach Belieben mit Zucker abschmecken.

Den Cocktail auf 2 Gläser verteilen, mit jeweils einer Apfelscheibe garnieren und servieren.

Lemon Surprise

Sowohl Zitrone als auch Petersilie enthalten viel Vitamin C. Hier werden sie mit Wasser gemischt und ergeben ein gesundes und sehr erfrischendes Getränk.

Für 2 Personen

Saft von 1 Zitrone
1 EL frisch gehackte Petersilie
450 ml Sprudelwasser
3 TL Zucker
Strohhalme, zum Servieren

Zitronensaft, Petersilie und Sprudelwasser in den Mixer oder die Küchenmaschine geben und auf geringster Stufe kurz mixen.

Den Mixer auf die höchste Stufe stellen, bei laufendem Motor den Zucker einrieseln lassen und 30 Sekunden mixen.

Die Limonade auf 2 gekühlte Gläser verteilen, Strohhalme hineinstecken und servieren.

Melonen-Minze-Cooler

Cantaloupe- und Galia-Melonen sind die perfekte Wahl für erfrischende Sommergetränke.

Für 2 Personen

- 1 Cantaloupe- oder ½ Galia-Melone, in Stücke geschnitten
- 1 EL frisch gehackte Minze
- 1 EL frisch gehackter Ingwer
- 100–150 ml Mineralwasser
- 2–4 Strohhalme, zum Servieren

Melone, Minze und Ingwer in den Mixer oder die Küchenmaschine geben und glatt pürieren. Bei laufendem Motor nach und nach das Mineralwasser zugießen, bis die Mischung die gewünschte Konsistenz hat.

Das Getränk auf 2 Gläser verteilen, Strohhalme hineinstecken und servieren.

Mimosa

Es muss nicht immer Sekt sein! Dieses nicht alkoholische Getränk schmeckt wunderbar zum Brunch und eignet sich auch für diejenigen, die sonst eher Cocktails bevorzugen.

Für 2 Personen

175 ml frisch gepresster Orangensaft
100 ml weißer Traubensaft
Sprudelwasser

Orangen- und Traubensaft auf 2 gekühlte Sektgläser verteilen.

Mit dem Sprudelwasser auffüllen und servieren.

Pfirsich-Johannisbeer-Smoothie

Die Kombination von reifem Pfirsich und Johannisbeeren ist ein Klassiker und ergibt einen eleganten Smoothie.

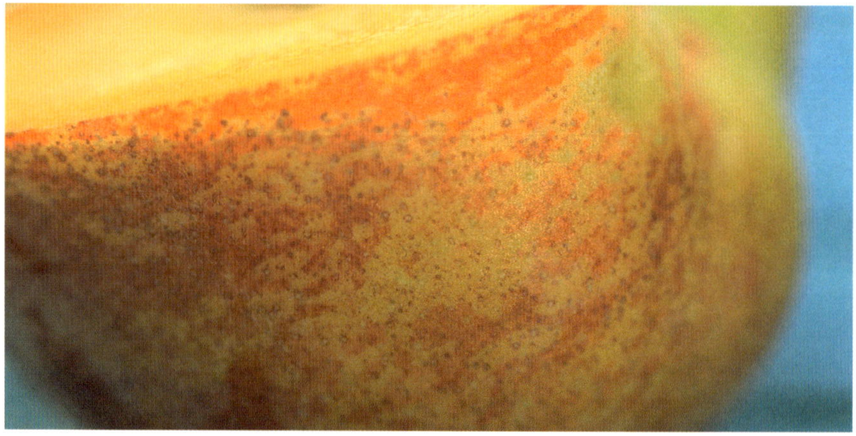

Für 2 Personen

2 große, reife Pfirsiche, halbiert, entkernt und in Stücke geschnitten
100 g Rote Johannisbeeren
200 ml eiskaltes Wasser
1–2 EL flüssiger Honig

Die Pfirsichstücke in die Küchenmaschine geben.

2 Johannisbeerrispen zum Garnieren beiseitelegen, die restlichen Beeren abstreifen und in den Mixer oder die Küchenmaschine geben. Wasser und Honig zufügen und glatt pürieren.

Den Smoothie auf 2 Gläser verteilen, mit den Johannisbeerrispen garnieren und servieren.

Ananas-Melonen-Smoothie

Die Kombination von Orangensaft, Ananas und Melone wird dieses Getränk zu einem Ihrer Favoriten machen!

Für 2 Personen

100 ml Ananassaft
4 EL Orangensaft
125 g Galia-Melone, in Stücke geschnitten
140 g gefrorene Ananasstücke
4 Eiswürfel
2 Orangenscheiben, zum Garnieren

Ananas- und Orangensaft in den Mixer oder die Küchenmaschine geben und kurz mixen.

Melone, Ananasstücke und Eiswürfel zugeben und cremig pürieren.

Den Smoothie auf 2 Gläser verteilen. Zum Garnieren die Orangenscheiben auf die Glasränder stecken und servieren.

Granatapfelsaft

Dieses Getränk ist ideal für einen schönen Spätsommertag. Es wird aus den ersten saftigen Granatäpfeln der Saison zubereitet, die ab August verkauft werden.

Für 2 Personen

2 reife Granatäpfel
1 Passionsfrucht
1 EL flüssiger Honig
gestoßenes Eis
2 Strohhalme, zum Servieren

Die Granatäpfel halbieren und den Saft mit einer Zitruspresse herauspressen.

Die Passionsfrucht halbieren, das Fruchtfleisch herauslöffeln und durch ein Haarsieb in eine Schüssel streichen. Granatapfelsaft und Honig zugeben und gut verrühren.

2 Gläser zur Hälfte mit gestoßenem Eis füllen und den Granatapfelsaft darauf verteilen. In jedes Glas einen Strohhalm stecken und servieren.

Apfel-Himbeer-Saft

Dieses Getränk ist schnell und einfach herzustellen und hat einen unnachahmlichen Geschmack!

Für 2 Personen

8 gestoßene Eiswürfel
2 EL Himbeersirup
500 ml gekühlter Apfelsaft

Zum Garnieren
Apfelstücke
Himbeeren
2 Holzspieße

Das Eis auf zwei Gläser verteilen und jeweils 1 Esslöffel Himbeersirup darübergießen.

Mit dem Apfelsaft aufgießen und gut verrühren.

Apfelstücke und Himbeeren abwechselnd auf die beiden Holzspieße stecken. Auf jedes Glas einen Spieß legen und servieren.

Erdbeertraum

Dieser durststillende Smoothie ist ideal für heiße Sommertage. Der Balsamico-Essig unterstreicht den Erdbeergeschmack.

Für 2 Personen

125 g gefrorene Erdbeeren
200 ml eiskaltes Wasser
1 EL Balsamico-Essig
1 EL flüssiger Blütenhonig, z. B. Akazienhonig
2 frische Erdbeeren, zum Garnieren

Erdbeeren, Wasser, Essig und Honig in den Mixer oder die Küchenmaschine geben und glatt pürieren.

Das Getränk auf 2 Gläser verteilen. Zum Garnieren die Erdbeeren unten einschneiden und auf die Glasränder setzen.

Süß-saurer Papayadrink

Wenn die Papaya ihren Reifungsprozess durchläuft, wechselt sie die Farbe von Grün zu Gelb. Das orangefarbene Fruchtfleisch gibt diesem Getränk seine satte Farbe.

Für 2 Personen

250 g reife Papaya
200 ml eiskaltes Wasser
Saft von 1 Limette

Die Papaya halbieren und mit einem Löffel die Kerne herauslösen. 4 schmale Scheiben Papaya zum Garnieren beiseitelegen, die restliche Papaya schälen und in Stücke schneiden.

Die Papayastücke in den Mixer oder die Küchenmaschine geben, Wasser und Limettensaft zugießen und glatt pürieren.

Auf 2 Gläser verteilen, mit jeweils 2 Papayastücken garnieren und servieren.

Traubenschorle mit Sorbet

Verwenden Sie für dieses spritzige Getränk nur große kernlose Trauben.

Für 2 Personen

- 125 g dunkle kernlose Trauben
- 200 ml Sprudelwasser
- 2 große Kugeln Zitronensorbet
- 2 Limettenscheiben, zum Garnieren

Trauben, Wasser und Zitronensorbet in die Küchenmaschine geben und kurz glatt pürieren.

Auf 2 Gläser verteilen, mit jeweils 1 Limettenscheibe garnieren und servieren.

Himbeer-Cassis-Drink

Frisch und einfach herzustellen, ist dieses Getränk etwas für einen wirklich heißen Sommertag.

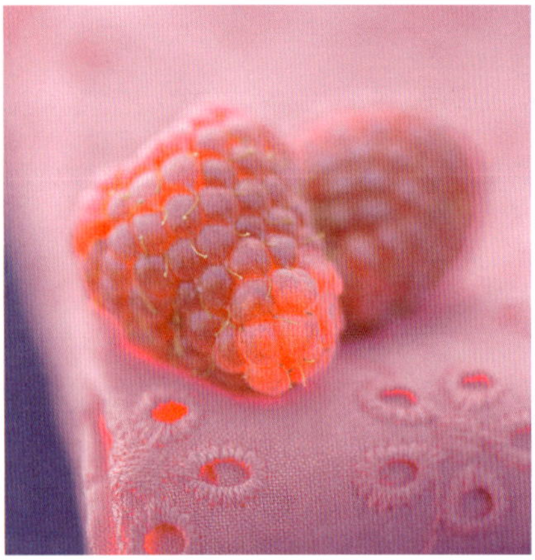

Für 2 Personen

75 g gefrorene Himbeeren
300 ml Sprudelwasser
2 Kugeln Schwarzes Johannisbeersorbet

Himbeeren und Wasser in den Mixer oder die Küchenmaschine geben und glatt pürieren.

Das Sorbet zufügen und noch einmal kurz mixen.

Auf 2 Gläser verteilen und sofort servieren.

Blutorangensprudel

Blutorangen sind inzwischen das ganze Jahr über erhältlich. Sie haben eine wunderbar rote Farbe, sind sehr gesund und schmecken hervorragend.

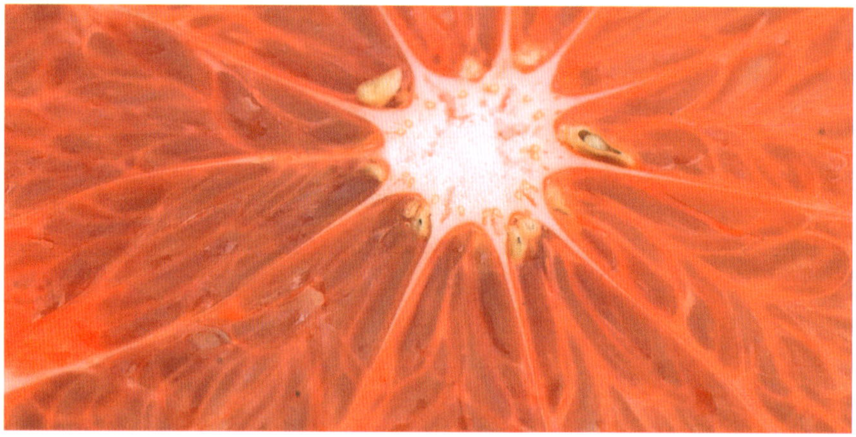

Für 2 Personen

250 ml Blutorangensaft
100 g Erdbeeren
100 g Himbeeren
50 ml Sprudelwasser
2–4 kurze Strohhalme, zum Servieren

Blutorangensaft, Erdbeeren, Himbeeren und Wasser in den Mixer oder die Küchenmaschine geben und glatt pürieren. Nach Belieben durch ein Haarsieb gießen, falls keine Kerne im Getränk sein sollen.

In Gläser füllen, Strohhalme hineinstecken und servieren.

Erdbeer-Ananas-Smoothie

Ananassaft und gefrorene Erdbeeren ergeben eine eiskalte Erfrischung. Schnell zubereitet und noch schneller getrunken!

Für 2 Personen

150 g gefrorene Erdbeeren
300 ml Ananassaft
1 EL Zucker
Ananasscheiben mit Strunk, zum Garnieren

Erdbeeren, Ananassaft und Zucker in den Mixer oder die Küchenmaschine geben und glatt pürieren.

Auf 2 Gläser verteilen, mit Ananasscheiben garnieren und servieren.

Leckere Muntermacher

Sommernachts-Smoothie

Dieser Smoothie-Traum aus Beeren, Passionsfrucht und Eis wird Sie verzaubern!

Für 2 Personen

1 reife Passionsfrucht
120 g Erdbeeren
120 g Himbeeren
60 g Blaubeeren
150 ml fettarme Milch
Vanille-Erdbeer-Eis, zum Servieren

Die Passionsfrucht halbieren und das Fruchtfleisch in den Mixer oder die Küchenmaschine löffeln. Die Beeren zugeben und 1 Minute lang pürieren. Die Milch zugießen und cremig mixen.

Auf 2 Gläser verteilen und jeweils 1 Kugel Eis daraufgeben. Sofort servieren.

Mango-Orangen-Smoothie

Wenn Sie Ihren Smoothie gerne etwas cremiger trinken, dann ersetzen Sie einfach das Mangosorbet durch Vanilleeis.

Für 2 Personen

1 große, reife Mango, in Stücke geschnitten
Saft von 2 Orangen
3 Kugeln Mangosorbet
Orangenzesten, zum Garnieren

Mango, Orangensaft und Sorbet in den Mixer oder die Küchenmaschine geben und glatt pürieren.

Den Smoothie auf 2 Gläser verteilen, mit Orangenzesten garnieren und servieren.

Birnen-Ingwer-Smoothie

Ingwer ist sehr gesund und harmoniert wunderbar mit dem Birnengeschmack. Verwenden Sie reife Birnen, damit ihr Aroma im Orangensaft nicht untergeht.

Für 2 Personen

2 große, reife Birnen, z. B. Williams Christ, geschält und in Stücke geschnitten
Saft von 4 Orangen
4 Stücke kandierter Ingwer

Birnen, Orangensaft und Ingwer in den Mixer oder die Küchenmaschine geben und glatt pürieren.

Auf 2 Gläser verteilen und servieren.

Honigmelonen-Smoothie

Aus Honigmelonen lassen sich köstliche Smoothies herstellen. Falls die Melone süß genug ist, können Sie den Honig auch weglassen.

Für 2 Personen

250 g Honigmelone
300 ml Sprudelwasser
2 EL flüssiger Honig
Johannisbeerrispen, zum Garnieren

Die Melone vierteln, entkernen, schälen und in Stücke schneiden.

Melonenstücke, Wasser und Honig in den Mixer oder die Küchenmaschine geben und glatt pürieren.

Den Smoothie auf 2 Gläser verteilen, mit Johannisbeeren garnieren und servieren.

Sommerfrucht-Smoothie

Falls Sie diesen Smoothie mit frischen Beeren herstellen möchten, dann geben Sie diese vor der Verwendung für kurze Zeit ins Gefrierfach.

Für 2 Personen

100 ml Sprudelwasser
4 EL Orangensaft
1 EL Limettensaft
350 g gefrorene gemischte Beeren, z. B. Blaubeeren, Himbeeren, Brombeeren und Erdbeeren
4 gestoßene Eiswürfel

Sprudelwasser und Orangen- und Limettensaft in die Küchenmaschine geben und kurz mixen.

Beeren und Eiswürfel zugeben und kurz pürieren.

Den Smoothie auf 2 Gläser verteilen und servieren.

Waldbeeren-Smoothie

Waldbeeren, Orangensaft und Bananen verbinden sich zu einem himmlisch leckeren Smoothie!

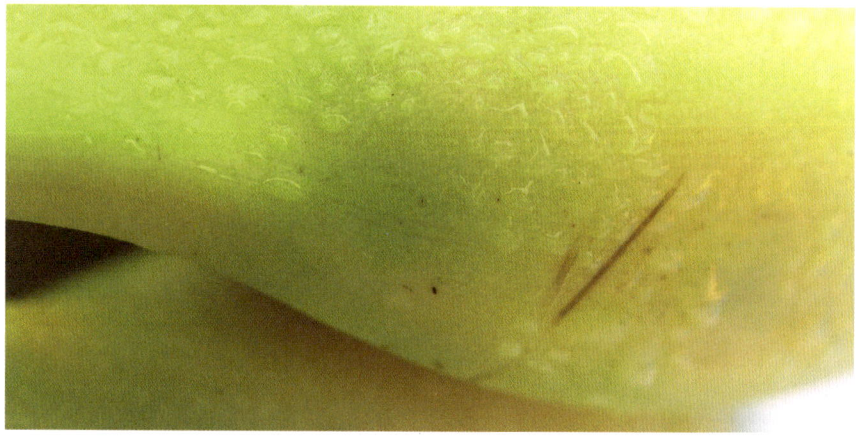

Für 2 Personen

350 ml Orangensaft
1 Banane, in Scheiben geschnitten und tiefgekühlt
450 g gefrorene gemischte Waldbeeren, z. B. Blaubeeren, Himbeeren und Brombeeren
2 Orangenscheiben, zum Garnieren
2 Strohhalme, zum Servieren

Orangensaft, Banane und Waldbeeren in den Mixer oder die Küchenmaschine geben und glatt pürieren.

Den Smoothie auf 2 Gläser verteilen. Zum Garnieren die Orangenscheiben auf die Glasränder stecken. Strohhalme hineinstecken und servieren.

Erfrischender Melonen-Smoothie

Dieser Smoothie besteht aus 3 verschiedenen Melonensorten. Verwenden Sie nur reife, aromatische Melonen.

Für 2 Personen

- 250 g Naturjoghurt
- 100 g Galia-Melone, in Stücke geschnitten
- 6 gestoßene Eiswürfel
- 100 g Cantaloupe-Melone, in Stücke geschnitten, plus 2 dünne Spalten zum Garnieren
- 100 g Wassermelone, in Stücke geschnitten

Joghurt und Galia-Melone in den Mixer oder die Küchenmaschine geben und kurz mixen.

Eiswürfel, Cantaloupe- und Wassermelone zufügen und cremig pürieren.

Den Smoothie auf 2 Gläser verteilen, mit jeweils einer Melonenspalte garnieren und servieren.

Hausgemachte Zitronenlimonade

Dieses klassische Erfrischungsgetränk ist sehr beliebt und sehr viel gesünder und leckerer als gekaufte Limonade.

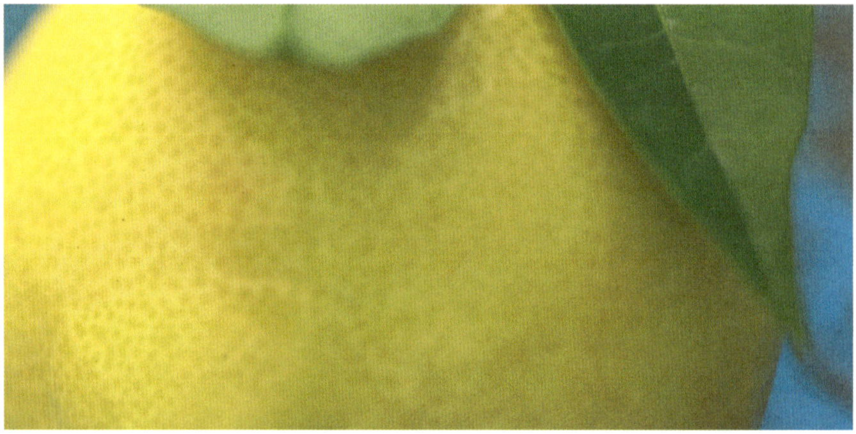

Für 2 Personen

150 ml Wasser
6 EL Zucker
1 TL abgeriebene Zitronenschale
125 ml Zitronensaft
6 Eiswürfel
Zitronenscheiben, zum Garnieren
Sprudelwasser, zum Auffüllen

Wasser, Zucker und Zitronenschale in einem Topf zum Kochen bringen. 5 Minuten köcheln, vom Herd nehmen und abkühlen lassen.

Den Zitronensaft zugießen, gut verrühren und in eine Kanne füllen. Abdecken und im Kühlschrank mindestens 2 Stunden ziehen lassen.

Eiswürfel und Zitronenscheiben in die Kanne geben und mit Sprudelwasser auffüllen. (Das Verhältnis von Sirup zu Wasser sollte 1 : 3 betragen.) Gut umrühren und servieren.

Cranberry-Drink

Dieser Cranberry-Drink ist eine wahre Vitaminbombe und gibt Ihnen neue Energie.

Für 2 Personen

300 ml Cranberry-Saft
100 ml Orangensaft
150 g Erdbeeren
1 EL Zitronensaft

Zum Garnieren
Orangenscheiben und -zesten
2 Holzstäbchen

Cranberry- und Orangensaft in den Mixer oder die Küchenmaschine geben und kurz mixen. Erdbeeren und Zitronensaft zufügen und glatt pürieren.

Auf 2 Gläser verteilen. Die Orangenscheiben zusammenfalten und auf die Holzstäbchen stecken. Orangenzesten darauf verteilen und die Stäbchen auf die Gläser legen. Sofort servieren.

Sauerkirsch-Smoothie

Für diesen leicht säuerlichen Smoothie werden Sauerkirschen mit ihrem Saft aus dem Glas verwendet.

Für 2 Personen

250 g Sauerkirschen aus dem Glas
150 g Joghurt (10 %)
Zucker (nach Belieben)

Zum Garnieren
Kirschen mit Stiel
2 Cocktailspieße

Die Kirschen mit dem Saft aus dem Glas in den Mixer oder die Küchenmaschine geben, den Joghurt zufügen und glatt pürieren.

Nach Belieben mit Zucker abschmecken und auf 2 Gläser verteilen.

Zum Garnieren auf jedes Glas ein Cocktailstäbchen legen, Kirschen daranhängen und servieren.

Bananen-Apfel-Smoothie

Ingwer und Zimt wärmen den Körper von innen. Dieser Smoothie eignet sich hervorragend zum Frühstück an einem kalten Wintermorgen.

Für 2 Personen

250 ml Apfelsaft
½ TL gemahlener Zimt
1 TL frisch geriebener Ingwer
2 Bananen, in Scheiben geschnitten und tiefgekühlt

Zum Garnieren
Apfelstücke
Cocktailspieße

Apfelsaft, Zimt und Ingwer in den Mixer oder die Küchenmaschine geben und kurz mixen.

Bananen zufügen und cremig pürieren. Die Mischung auf 2 Gläser verteilen. Zum Garnieren Apfelstücke auf Cocktailspieße stecken, in die Gläser geben und servieren.

Cassis-Smoothie

Dieser Smoothie hat eine hinreißende pink-violette Farbe! Für die Erwachsenen können Sie den Sirup auch durch Crème de Cassis ersetzen.

Für 2 Personen

100 g gefrorene Schwarze Johannisbeeren
4 Kugeln Johannisbeersorbet
100 g Crème fraîche
2 EL Cassis-Sirup, plus etwas mehr zum Beträufeln
1 EL Wasser
Zucker (nach Belieben)

Zum Garnieren
Minzeblätter
Brombeeren

Johannisbeeren, Sorbet, Crème fraîche, Sirup und Wasser in die Küchenmaschine geben und glatt pürieren. Nach Belieben mit etwas Zucker abschmecken.

Auf 2 Gläser verteilen und mit etwas Sirup beträufeln. Mit Minzeblättern und Brombeeren garnieren und servieren.

Kiwi Cooler

Das rosafarbene Erdbeereis bildet einen schönen Kontrast zu dem grünen Smoothie. Falls Ihnen das zu grell erscheint, können Sie auch Limonensorbet verwenden.

Für 2 Personen

4 reife Kiwis, geschält und geviertelt
200 ml kalte Zitronenlimonade (s. S. 160)
2 Kugeln Erdbeereis, zum Servieren

Kiwis und Limonade in die Küchenmaschine geben und glatt pürieren.

Auf 2 Gläser verteilen, jeweils 1 Kugel Erdbeereis in die Mitte geben und servieren.

Ananas-Smoothie

Dieses erfrischende Getränk bringt Sie wieder in Schwung, wenn Sie müde oder gestresst sind.

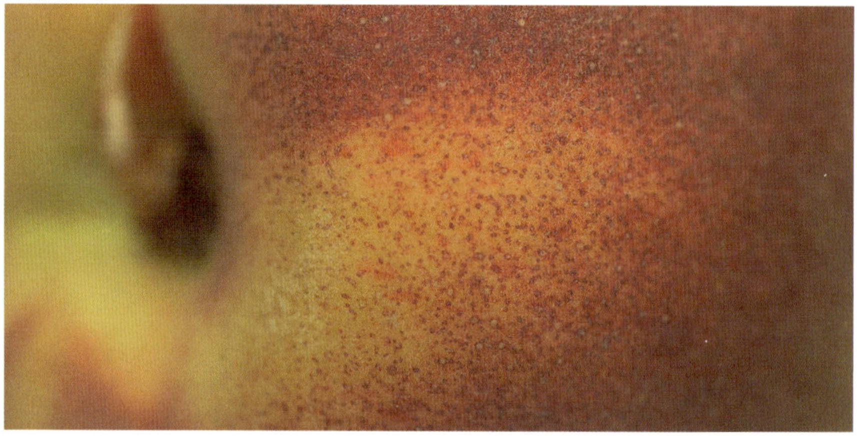

Für 2 Personen

100 ml Wasser
125 ml Ananassaft
Saft von 1 Zitrone
3 EL brauner Zucker
175 g Naturjoghurt
1 Pfirsich, in Stücke geschnitten und tiefgekühlt
100 g gefrorene Ananasstücke
2 dünne Ananasscheiben mit Strunk, zum Garnieren

Wasser, Ananas- und Zitronensaft, Zucker und Joghurt in eine Küchenmaschine geben und glatt pürieren.

Pfirsich- und Ananasstücke zugeben und nochmals kurz mixen.

Den Smoothie auf 2 Gläser verteilen, mit jeweils 1 Ananasscheibe dekorieren und servieren.

Cherry Kiss

Ein großartiges Partygetränk für alle, die keinen Alkohol trinken. Es schmeckt genauso gut, wie es aussieht.

Für 2 Personen

8 gestoßene Eiswürfel
2 EL Kirschsirup
500 ml Sprudelwasser

Zum Garnieren
4 Maraschino-Kirschen
2 Cocktailspieße

Das Eis auf zwei Gläser verteilen und den Sirup darübergießen.

Mit Sprudelwasser auffüllen. Jeweils 2 Maraschino-Kirschen auf einen Cocktailspieß stecken, in die Gläser geben und servieren.

Trauben-Holunder-Schaum

Verwenden Sie für diesen Smoothie bevorzugt Muskattrauben, denn sie besitzen ein süß-würziges Aroma, das perfekt mit den anderen Zutaten harmoniert.

Für 2 Personen

125 g weiße kernlose Trauben, plus ein paar mehr zum Garnieren
200 ml Sprudelwasser
2 große Kugeln fettarmes Joghurteis
1½ EL Holunderblütensirup

Trauben, Wasser, Eis und Sirup in die Küchenmaschine geben und schaumig pürieren.

Auf 2 Gläser verteilen, mit ein paar Trauben garnieren und servieren.

Holunderblüten-Birnen-Smoothie

Diesen Smoothie sollte man im späten Frühjahr bis frühen Sommer zubereiten, wenn der Holunder in voller Blüte steht.

Für 2 Personen

- 4 kleine, feste Birnen, geschält und in Stücke geschnitten
- 2 Holunderblütendolden, oder etwas Holunderblütensirup
- 1 Streifen Zitronenschale
- 1 EL brauner Zucker
- 4 EL Wasser
- 200 ml fettarme Milch
- Biskuits, zum Servieren

Birnen, Holunderblüten, Zitronenschale, Zucker und Wasser in einem Topf zum Kochen bringen. Den Topf abdecken und die Mischung so lange köcheln, bis die Birnen weich sind. Vom Herd nehmen und abkühlen lassen.

Holunderblüten und Zitronenschale aus dem Topf entfernen. Birnen mit der Garflüssigkeit und die Milch in die Küchenmaschine geben und glatt pürieren.

Den Smoothie auf 2 Gläser verteilen und zusammen mit Biskuits servieren.

Feigen-Ahornsirup-Smoothie

Verwöhnen Sie sich mit diesem luxuriösen Smoothie!

Für 2 Personen

350 g Haselnussjoghurt
2 EL frisch gepresster Orangensaft
4 EL Ahornsirup
8 große, frische Feigen, geschält und in Stücke geschnitten
6 gestoßene Eiswürfel
geröstete gehackte Haselnüsse, zum Garnieren

Joghurt, Orangensaft und Ahornsirup in den Mixer oder die Küchenmaschine geben und kurz mixen.

Feigen und Eiswürfel zufügen und glatt pürieren.

Den Smoothie auf 2 Gläser verteilen, mit den gehackten Haselnüssen garnieren und servieren.

Grüntee-Pflaumen-Smoothie

Der Geschmack von Grüntee ergänzt sich fantastisch mit dem der Pflaume. Dieser Smoothie schmeckt sowohl kalt als auch warm hervorragend.

Für 2 Personen

300 ml kochendes Wasser
1 Beutel Grüntee mit indischen Gewürzen
1 EL Zucker
125 g gelbe Pflaumen, halbiert

Das heiße Wasser in eine Kanne gießen, den Teebeutel hineinhängen und 7 Minuten ziehen lassen. Den Teebeutel entfernen und den Tee abkühlen lassen. In den Kühlschrank stellen und ganz auskühlen lassen.

Den Tee in den Mixer oder die Küchenmaschine geben. Zucker und Pflaumen zufügen und glatt pürieren.

Den Smoothie auf 2 Gläser verteilen und servieren.

Perfekte Milchshakes

Schokoladen-Milchshake

Der ultimative Milchshake für Kinder und Schokoladenfans. Diesen Shake werden alle lieben!

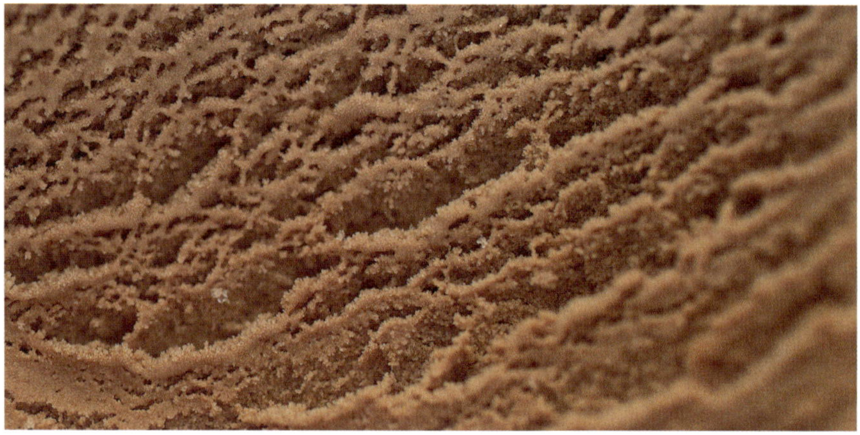

Für 2 Personen

150 ml Milch
2 EL Schokoladensirup
400 g Schokoladeneiscreme
geriebene Zartbitterschokolade, zum Garnieren

Milch und Sirup in den Mixer oder die Küchenmaschine gießen und kurz mixen.

Das Schokoladeneis zufügen und glatt mixen. Den Shake auf 2 große Gläser verteilen, geriebene Schokolade darüberstreuen und servieren.

Würziger Bananen-Milchshake

Diese karibische Kombination aus Frucht und Gewürzen wird Ihre Geschmacksknospen anregen.

Für 2 Personen

300 ml Milch
½ TL Lebkuchengewürz, plus etwas mehr zum Garnieren
150 g Bananeneis
2 Bananen, in Stücke geschnitten und tiefgekühlt

Milch, Lebkuchengewürz und Bananeneis in den Mixer oder die Küchenmaschine geben und kurz mixen. Die Bananen zufügen und glatt pürieren.

Den Shake auf 2 Gläser verteilen, etwas Lebkuchengewürz darüberstreuen und servieren.

Erdbeer-Sahne-Shake

Der ultimative Erdbeermilch-Shake! Nicht mit Erdbeersirup hergestellt, sondern aus frischen Erdbeeren. Dadurch schmeckt dieser Milchshake wunderbar fruchtig und sahnig.

Für 2 Personen

150 g gefrorene Erdbeeren
100 g Sahne
200 ml Vollmilch
1 EL Zucker
Minzeblätter, zum Garnieren
2–4 Strohhalme, zum Servieren

Erdbeeren, Sahne, Milch und Zucker in den Mixer oder die Küchenmaschine geben und glatt pürieren.

Den Shake auf 2 große Gläser verteilen und mit Minzeblättern garnieren. 1–2 Strohhalme in jedes Glas stecken und servieren.

Nektarinen-Milchshake

Mango und Nektarine sind eine vorzügliche Kombination. Das i-Tüpfelchen auf diesem Shake ist das Zitronensorbet.

Für 2 Personen

250 ml Milch
350 g Zitronensorbet
1 reife Mango, in Stücke geschnitten
2 reife Nektarinen, in Scheiben geschnitten, plus ein paar Scheiben zum Garnieren

Milch und Sorbet in den Mixer oder die Küchenmaschine geben und kurz mixen.

Nach und nach Mango- und Nektarinenstücke zufügen und glatt pürieren.

Den Shake auf 2 Gläser verteilen, mit Nektarinenscheiben garnieren und servieren.

Tropical Storm

Der Genuss dieses Shakes ist genauso belebend und erholsam wie Urlaub in der Karibik!

Für 2 Personen

250 ml Milch
50 ml Kokosmilch
150 g Vanilleeis
2 Bananen, in Stücke geschnitten und tiefgekühlt
200 g Ananasstücke aus der Dose, abgetropft
1 Papaya, geschält und in Stücke geschnitten
Kokosraspel, zum Garnieren

Milch und Kokosmilch in den Mixer oder die Küchenmaschine geben und kurz mixen. Das Eis zufügen und nochmals mixen.

Nach und nach Bananen-, Ananas- und Papayastücke zugeben und glatt pürieren.

Den Shake auf 2 große Gläser verteilen, mit Kokosraspeln bestreuen und servieren.

Pfirsich-Frucht-Shake

Pfirsiche, Aprikosen, Erdbeeren und Bananen werden zu einem fabelhaft fruchtigen Milchshake gemixt.

Für 2 Personen

- 220 g Pfirsiche aus der Dose
- 175 ml Milch
- 4 Aprikosen, in Stücke geschnitten, plus ein paar Stücke zum Garnieren
- 400 g Erdbeeren
- 2 Bananen, in Stücke geschnitten und tiefgekühlt, plus ein paar Stücke zum Garnieren
- 2 Cocktailspieße, zum Garnieren

Die Pfirsiche abtropfen lassen und in Stücke schneiden. Ein paar Stücke zum Garnieren zurückbehalten und die übrigen zusammen mit der Milch in den Mixer oder die Küchenmaschine geben und kurz mixen. Aprikosenstücke zufügen und nochmals mixen. 2–4 Erdbeeren zum Garnieren zurückbehalten und die übrigen zusammen mit den Bananen in den Mixer geben und glatt pürieren.

Den Shake auf 2 große Gläser verteilen. Zum Garnieren Erdbeeren, Pfirsich-, Aprikosen- und Bananenstücke abwechselnd auf die Cocktailspieße stecken. Jeweils 1 Spieß auf jedes Glas legen und servieren.

Pflaumenshake

Ein wundervoller fruchtig-cremiger Spätsommershake!

Für 2 Personen

250 g reife Pflaumen, geviertelt und entsteint
200 ml Wasser
1 EL Zucker
4 Kugeln fettarmes Joghurteis
2 zerkrümelte Cantuccini, zum Garnieren

2 Pflaumenviertel zum Garnieren zurückbehalten und die restlichen in einen Topf geben. Wasser und Zucker zufügen und zum Kochen bringen. Den Topf abdecken und 15 Minuten köcheln lassen, bis die Pflaumen sehr weich sind. Vom Herd nehmen und abkühlen lassen.

Die Pflaumen in den Mixer oder die Küchenmaschine geben, das Eis zufügen und schaumig mixen.

Den Shake auf 2 Gläser verteilen und mit Cantuccini-Krümeln bestreuen. Die zurückbehaltenen Pflaumenviertel an der Hautseite anritzen und auf die Gläser stecken. Sofort servieren.

Himbeer-Reismilch-Shake

Ein Shake ohne tierische Produkte. Er ist cholesterin- und laktosefrei und schnell zubereitet! Reismilch sollte vor der Verwendung gekühlt werden, da sie dann besser schmeckt.

Für 2 Personen

125 g gefrorene Himbeeren
300 ml Reismilch

Himbeeren und die Hälfte der Reismilch in den Mixer oder die Küchenmaschine geben und cremig mixen.

Auf 2 Gläser verteilen und vorsichtig die restliche Milch hineinrühren, sodass der Shake einen Marmoreffekt bekommt. Sofort servieren.

Kaffee-Bananen-Shake

Der Kaffee und die Bananen in diesem Shake werden Sie wieder in Schwung bringen!

Für 2 Personen

300 ml Milch
4 EL Instantkaffeepulver
150 g Vanilleeis
2 Bananen, in Stücke geschnitten und tiefgekühlt

Milch und Kaffeepulver in den Mixer oder die Küchenmaschine geben und kurz mixen. Das Eis zugeben und nochmals mixen. Die Bananen zufügen und glatt pürieren.

Den Shake auf 2 Gläser verteilen und servieren.

Pflaumenschaum

Für diesen schaumig-fruchtigen Shake können Sie jede Pflaumensorte benutzen. Dunklere Pflaumensorten verleihen dem Shake eine etwas kräftigere Farbe.

Für 2 Personen

4 reife Pflaumen, entsteint
200 ml eiskalte Milch
2 Kugeln Bourbon-Vanilleeis
Haferkekse, zum Servieren

Pflaumen, Milch und Eis in den Mixer oder die Küchenmaschine geben und schaumig mixen.

Den Shake auf 2 Gläser verteilen und mit Haferkeksen servieren.

Pfirsich-Orangen-Milchshake

Die Kombination von Pfirsich und Orange schmeckt sehr fruchtig und erfrischend.

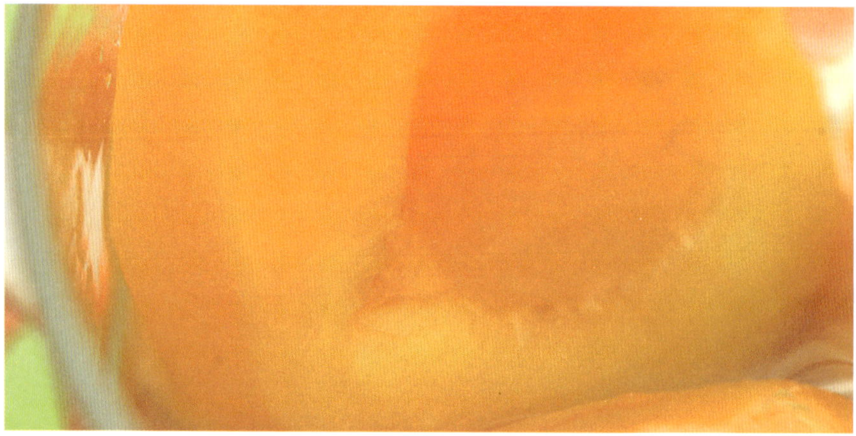

Für 2 Personen

100 ml Milch
125 g Pfirsichjoghurt
100 ml Orangensaft
250 g Pfirsichstücke aus der Dose, abgetropft
6 gestoßene Eiswürfel
Orangenzesten, zum Garnieren

Milch, Joghurt und Orangensaft in den Mixer oder die Küchenmaschine geben und kurz mixen.

Die Pfirsichstücke und Eiswürfel zufügen und glatt pürieren.

Den Shake auf 2 Gläser verteilen, mit Orangenzesten garnieren und servieren.

Black-&-White-Milchshake

Sie können diesen Shake aus weißer Schokolade und Schwarzkirschen auch als Nachtisch servieren. Bestreuen Sie ihn dann noch mit Schokoladensplittern.

Für 2 Personen

150 g Schwarzkirschen, halbiert und entsteint
3 große Kugeln weißes Schokoladeneis
150 ml Milch

Die Schwarzkirschen in den Mixer oder die Küchenmaschine geben und pürieren.

Eiscreme und Milch zufügen und kurz auf höchster Stufe mixen.

Den Shake auf 2 Gläser verteilen und servieren.

Ahorn-Vanille-Shake

Die feinen Aromen von Ahorn, Vanille und Mandel harmonieren vorzüglich und ergeben diesen leckeren Milchshake.

Für 2 Personen

150 ml Milch
2 EL Ahornsirup
400 g Vanilleeis
1 EL Mandelaroma
gehackte Mandeln, zum Garnieren

Milch und Ahornsirup in den Mixer oder die Küchenmaschine geben und kurz mixen.

Eiscreme und Mandelaroma zufügen und schaumig mixen.

Den Shake auf 2 Gläser verteilen, gehackte Mandeln darüberstreuen und servieren.

Kiwi-Limetten-Milchshake

Dieser Shake enthält jede Menge Vitamin C und schmeckt wunderbar süß-säuerlich.

Für 2 Personen

150 ml Milch
Saft von 2 Limetten
2 Kiwis, in Stücke geschnitten
1 EL Zucker
400 g Vanilleeis

Zum Garnieren
Kiwischeiben
Limettenzesten

Milch und Limettensaft in eine Küchenmaschine geben und kurz mixen.

Kiwistücke und Zucker zufügen und erneut mixen. Das Eis zufügen und alles glatt pürieren.

Den Shake auf 2 Gläser verteilen, mit Kiwischeiben und Limettenzesten garnieren und servieren.

Pfefferminzshake

Pfefferminze wirkt wunderbar kühlend und verleiht diesem Milchshake eine frische Note.

Für 2 Personen

150 ml Milch
2 EL Pfefferminzsirup
400 g Pfefferminzeis
Minzeblätter, zum Garnieren

Milch und Sirup in den Mixer oder die Küchenmaschine geben und kurz mixen. Das Eis zufügen und schaumig mixen.

Den Shake auf 2 hohe Gläser verteilen, mit Minzeblättern garnieren und servieren.

Kokosnuss-Milchshake

Ein cremiger Shake, der an tropische Strände erinnert. Urlaub im Glas!

Für 2 Personen

350 ml Ananassaft
100 ml Kokosmilch
150 g Vanilleeis
140 g gefrorene Ananasstücke
2 EL Kokosraspel, zum Garnieren

Zum Servieren
2 Kokosnussschalen
2–4 Strohhalme

Ananassaft, Kokosmilch und Eis in den Mixer oder die Küchenmaschine geben und kurz mixen.

Ananasstücke zufügen und glatt pürieren.

Den Shake in die Kokosnussschalen oder in hohe Gläser füllen. Mit geriebener Kokosnuss garnieren, Strohhalme hineinstecken und servieren.

Vanille-Cola-Shake

Kinder lieben den Geschmack und das Aussehen dieses Shakes. Sie können anstatt Cola auch Limonade verwenden.

Für 1 Person

- 2 Kugeln Vanilleeis
- 2 cl Limettensirup
- Cola
- Eiswürfel
- 1–2 Strohhalme, zum Servieren

Eiscreme und Sirup mit etwas Cola in den Mixer oder die Küchenmaschine geben und 5–10 Sekunden mixen.

Ein paar Eiswürfel in ein großes Glas geben und die Eiscrememischung darübergießen. Das Glas mit Cola auffüllen, 1–2 Strohhalme hineinstecken und servieren.

Mokkashake

Die Verbindung von Kaffee und Schokolade wird mit einem Schlag Sahne zum Geschmackserlebnis!

Für 2 Personen

200 ml Milch
50 g Sahne
1 EL brauner Zucker
2 EL Kakaopulver
1 EL Kaffeesirup oder Instantkaffeepulver
6 gestoßene Eiswürfel

Zum Garnieren
Schlagsahne
geriebene Schokolade

Milch, Sahne und Zucker in den Mixer oder die Küchenmaschine geben und kurz mixen. Kakaopulver, Sirup und Eis zugeben und cremig pürieren.

Den Shake auf 2 Gläser oder Tassen verteilen. Etwas Schlagsahne und geriebene Schokolade darübergeben und servieren.

Kaffee-Minze-Shake

Kaffee, Pfefferminze und Schokolade verbinden sich zu einem köstlichen Shake.

Für 2 Personen

400 ml Milch
200 ml Kaffeesirup
100 ml Pfefferminzsirup
1 EL frisch gehackte Minze
4 gestoßene Eiswürfel

Zum Garnieren
geriebene Schokolade
Minzeblätter

Milch, Kaffee- und Pfefferminzsirup in den Mixer oder die Küchenmaschine geben und kurz mixen. Minze und Eiswürfel zufügen und cremig mixen.

Den Shake auf 2 Gläser verteilen, mit geriebener Schokolade und Minze garnieren und servieren.

Register